프랑스 자수로 완성하는 나만의 소품

○─멘티의─

감성 자수

프랑스 자수로 완성하는 나만의 소품

멘티의 감성 자수

지은이 류성아
펴낸이 정규도
펴낸곳 황금시간

초판 1쇄 발행 2016년 11월 10일
초판 4쇄 발행 2020년 6월 15일

편집 박정효 신소연 권명희
디자인 디자인그룹올
사진 한정선
일러스트 정영경

황금시간
Golden Time

주소 경기도 파주시 문발로 211
전화 (02)736-2031(내선 360)
팩스 (02)738-1713

출판등록 제406-2007-00002호
공급처 ㈜다락원
구입문의 전화: (02)736-2031(내선 250~252)
             팩스: (02)732-2037

값 16,000원
ISBN 979-11-87100-34-8 13630

프랑스 자수로 완성하는 나만의 소품

—멘티의—
감성 자수

류성아 지음

황금시간

작년 겨울, 처음으로 책을 내겠다고 마음먹었습니다.
새롭고도 예쁜 작품으로 지면을 꽉 채우고 싶은 욕심에,
어쩌면 1년이 더 걸릴지도 모르겠다고 우스갯소리를 나누기도 했습니다.
그런데 그 말이 현실이 되어 다시 쌀쌀한 계절 앞에 서있자니 마음이 새롭네요.

취미로 시작했던 자수가 온종일 함께하는 일이 되었고,
그 일로 책 맨 앞 장에 이름을 새겨 넣었습니다.
이보다 더 행복하고 뿌듯한 일이 있을까 싶다가도,
책을 위해 쏟은 지난 1년의 시간을 생각하면
괜스레 섭섭한 마음이 들기도 합니다.

돌이켜보니, 고등학교 때 하얀 셔츠에 자수를 새기고 싶다고 생각했던 것이
제가 자수를 시작해 이 책이 나오게 된 출발점인 것 같습니다.
꿈꾸던 디자이너가 되었지만, 직장 생활은 생각만큼 재미있지 않았습니다.
창작보다는 반복이 계속됐던 무료한 일상 속에서, 자수를 새긴 하얀 셔츠가 자꾸 떠올랐습니다.
취미를 가지면 따분한 일상에도 변화가 올까 하는 욕심에 자수 공방을 찾았고,
그동안 해왔던 디자인과는 다른 매력을 느꼈습니다.

그간 컴퓨터 화면 속에 갇혀 만질 수 없던 디자인과는 다른,
손끝으로 전해지는 생동감이 호기심을 자극했던 것도 같아요.
제게 실은 물감이고, 바늘은 붓이 됐습니다.
예쁜 물감을 가지고 싶어 화방을 드나들었던 예전의 설렘처럼,
색색의 실을 고르고, 고민하고, 채우면서 큰 즐거움을 느꼈습니다.
퇴근하고 새벽이 다 지나도록 온전히 누릴 수 있는 나만의 시간이 행복했고,
아무 걱정과 고민 없이 작품에 집중할 수 있는 그 시간이 정말 소중했어요.
점차 익숙해지면서 공방에서 배운 것 말고, 제 이야기를 담아내고 싶은 욕심도 생겼습니다.

이야기를 좋아해요.
그림 한 점, 음악 한 곡, 사진 한 장도… 작품마다 스토리가 담겨 완성되듯이,
제 작품도 저마다의 이야기가 있습니다.
그리고 이왕이면 행복하고, 따뜻하고, 살며시 웃음 지을 수 있는
그런 이야기를 담으려고 노력하고 있어요.

작품을 마주해서 웃고, 작품 속 이야기를 듣고 나서 또 한 번 웃을 수 있었으면.
그래서 제 작품이 행복으로 기억될 수 있었으면 좋겠습니다.

바쁜 매일에 쫓기는 우리 모두에게는 '조금 더 천천히'의 여유가 필요하다고 생각해요.
달리기만 하다 보면 진짜 나만을 위한 시간, 나를 생각하는 시간이 너무 부족해지니까요.
내 마음은 괜찮은지, 정말 행복하게 지내고 있는 건지 무심할 때가 더 많잖아요.
말로는 늘 행복해지고 싶다 말하면서, 그럴 시간조차 없으니까요.

2년 전 제가 그랬듯, 가벼운 마음으로 실과 바늘을 들어보세요.
잘 할 필요는 없어요. 누구도 평가하지 않을 거니까.
잘 하는 일을 찾는 것이 아니라, 장점을 찾으려고 기술을 연마하는 것이 아니라,
그냥 평온한 시간을 만드는 거예요. 한 땀 한 땀 채워가며 천천히 마음을 다스리는 것…
그럼 어느새 근심 걱정을 잊고서 지금 현실에 집중하고 있는 나를 발견할 수 있을 거예요.

자수가 가진 아주 특별한 매력이
여러분의 삶 속에 여유와 행복으로 스몄으면 좋겠습니다.
제가 작품에 담은 이야기를 상상하며 잠시라도 웃을 수 있길,
그리고 여러분의 이야기도 소중한 곳에 새겨져 오래 기억될 수 있었으면 좋겠어요.

저는 앞으로도 재미있는 이야기가 담긴 자수를 새길 생각이에요.
그리고 언젠가
여러분의 이야기와 제 이야기가 담긴 작품들을 한자리에 모아두고
다 같이 이야기를 나누는 시간도 꿈꿔보려 합니다.

자수를 만난 건 제 인생의 가장 큰 행복이었습니다.
그리고 책을 준비한 지난 1년도 그랬습니다.
책을 출간할 수 있게 도와주신 황금시간 출판사와 담당해주신 편집자님,
그리고 책을 준비하는 동안 고민 나눠주고 함께 응원해준
가족과 친구들에게 고마움을 전합니다.

류성아

CHAPTER 1

자수로 만들다

자수를 더하다

자수의 기초

이 책에서 사용하는 스티치

HOW TO MAKE

CHAPTER 1

자수로 만들다

①

서커스 브로치

CIRCUS BROOCH

HOW TO MAKE
116p

서커스의 세계로 당신을 초대합니다!
그림과 사진으로만 만나 온 서커스는 늘 호기심을 부르는 주제예요.
이제 자수로 그 환상적인 무대를 직접 만들어보는 것은 어떨까요?
브로치 핀을 공중그네 삼아 대롱대롱 매달린 광대는
눈이 마주칠 때마다 유쾌한 웃음을 선사할 거예요.
가방과 옷 어디든 쉽게 달 수 있어서 패션 포인트로 딱이랍니다.

② 생일 축하해요 브로치
BIRTHDAY BROOCH

여러분은 무슨 띠를 갖고 태어났나요?
십이지 동물에서 착안한 '생일 축하해요 브로치'는
가까운 친구의 생일 선물을 고민하다가 만든 작품이에요.
정성은 가득히, 그러나 크기는 부담스럽지 않은 미니 사이즈로 준비했어요.
고깔을 쓴 귀여운 열두 마리 동물 친구들은
나이와 성별에 상관없이, 받는 사람에게 소소한 행복을 선물할 거예요!

HOW TO MAKE
122p

고슴도치 핀쿠션

HEDGEHOG PIN-CUSHION

HOW TO MAKE
128p

뾰족한 바늘을 보고 있으면 생각나는 동물이 있어요.
어릴 적 둥글게 빚은 찰흙에 이쑤시개를 꽂아 만들었던 고슴도치를 떠올리며 완성한 핀쿠션이에요.
고슴도치의 뾰족한 털을 다양한 색의 실로 수놓아 표현하고,
바늘과 시침핀을 등가시 삼아 꽂아주면 그 귀여움이 배가 되지요.
손 안에 쏙 들어오는 미니 핀쿠션은 사용하기도 좋고,
사랑스러운 느낌의 인테리어 소품으로도 손색이 없을 거예요.

선인장 핀쿠션

CACTUS PIN-CUSHION

HOW TO MAKE

132p

자수나 바느질을 위해 꼭 필요한 핀쿠션!
핀쿠션을 좀 더 재미있게 만들 수 없을까 고민하던 중에 선인장 화분이 눈에 들어왔어요.
초록색 리넨 원단에 자연스러운 자수를 배치하고,
진짜 화분에 심어 생동감을 더했답니다.
뾰족뾰족 솟은 가시를 바늘과 시침핀으로 표현해보세요.
영원히 시들지 않는 선인장의 매력 지수가 더 상승할 거예요.

⑤ 내가 지켜줄게요 티 코스터
BODYGUARD TEA COASTER

사계절 내내 사용하기 좋은 티 코스터!
컵 밖으로 흐른 음료로 책상이 젖거나 더러워지지 않게,
뿌글 머리가 매력적인 나만의 보디가드가 지켜줄 거예요!
사랑하는 내 짝꿍에게 선물하기 좋은 도안으로 준비했어요.

HOW TO MAKE
138p

커피 앤드 롤 티 코스터

COFFEE & ROLL TEA COASTER

커피를 마실 때면 달콤한 디저트가 생각나죠.
이 환상의 궁합을 담아, 어느 각도에 컵을 올려놓아도
보는 재미가 넘치는 육각형 티 코스터를 준비했어요.
서로 다른 컬러의 원단을 앞뒤로 배치해서 양면 티 코스터를 만들면
보는 재미 두 배, 사용하는 재미도 두 배가 될 거예요.

HOW TO MAKE
144p

곰이 마시멜로를
만났을 때 컵 홀더

BEAR & MARSHMALLOW CUP HOLDER

HOW TO MAKE
150p

코끝이 시리도록 추운 겨울 날,
김이 모락모락 피어오르는 핫초코 한 잔을 손에 들면 온 세상을 다 가진 것 같아져요.
그 위에 달콤한 마시멜로를 동동 띄우면 더할 나위 없이 행복하죠.
포근한 마시멜로를 품에 안고 핫초코 위를 떠다니는 곰을 보면서,
잠시 저 곰이 되었다고 상상해보세요! 달콤한 마법이 펼쳐질 거예요.

스프링 도그 북마크

SPRING DOG BOOKMARK

HOW TO MAKE
154p

책 사이로 빼꼼히 고개를 내민 귀여운 얼굴에,
반전의 용수철 몸통까지!
실용성에 재미를 더한 북마크를 만들어보세요.
내가 직접 수놓은 북마크와 함께라면,
책을 읽는 시간이 더 꽉 채워질 거예요.

⑨ 곰돌이 이어폰 정리 홀더

WHITE BEAR EARPHONE HOLDER

화창한 날의 기분 좋은 노래.
우울한 날 귓속을 맴도는 위로의 음악들….
혼자 있는 시간에는 꼭 음악을 찾게 돼요. 그만큼 이어폰은 많은 사람들의 가방 속에서 필수품이 되어버렸고요.
음악이 필요한 순간! 엉켜버린 이어폰이 흐름을 방해하지 않도록 하얀 곰이 도와줄 거예요.
평온히 낮잠을 자고 있는 곰의 얼굴처럼 포근한 음악 감상 시간을 즐겨보세요.

HOW TO MAKE
158p

HOW TO MAKE

162p

⑩ 카네이션 자수 카드
CARNATION EMBROIDERY CARD

늘 감사한 부모님께,
묵묵히 응원해주시는 감사한 분들에게 드리고 싶은 선물로
가장 먼저 떠오르는 건 아무래도 카네이션이죠.
특별한 날, 정성을 가득 담아 완성한 자수 카네이션 카드를 선물하는 건 어떨까요?
한 땀 한 땀 새긴 카네이션 한 송이를 건네면 시들지 않는 마음까지 전할 수 있을 거예요.

⑪ 과일 시리즈 메모 자석
FRUIT MEMO MAGNETS

달콤 상큼한 과일은 다양한 모양만큼 서로 다른 맛과 매력을 가지고 있죠.
좋아하는 과일을 늘 곁에 두고 즐기고 싶어서,
가장 사랑하는 과일 3가지를 골라 가족을 만들어주었어요.
뾰족 솟은 머리가 인상적인 파인애플 아빠부터,
빨간 립스틱이 매력적인 수박 엄마와 분홍 볼터치가 귀여운 복숭아 딸까지.
가족에게 전하는 따뜻한 메시지와 함께, 냉장고나 메모장에 붙여주세요.
완성된 작품에 달콤한 과일 향을 뿌려줘도 좋아요.

HOW TO MAKE
166p

(12) 미니 양말 향주머니

MINI SOCKS SACHET

HOW TO MAKE
174p

예쁜 모양을 실로 새겨 넣듯이, 집안 곳곳 은은한 향을 수놓아보는 건 어떨까요?
피라미드 모양의 작은 향주머니가 집안을 화사하고 향기롭게 만들어줄 거예요.
특히 양말 서랍장 속에 살포시 넣어보세요.
양말을 신을 때마다 퍼지는 기분 좋은 향기가 하루의 시작을 상쾌하게 열어줄 거예요.

13 플라밍고 파우치
FLAMINGO POUCH

플라밍고의 우아한 모습과 황홀한 색감에 홀려서 새긴 자수예요.
빼곡하고 무거운 느낌보다는, 단순하지만 세련되게 표현하고 싶었어요.
심플함 속에 디테일이 살아날 수 있게 디자인했답니다.
큰 작품에 도전하기가 망설여진다면, 도안 사이즈를 줄여서 작은 플라밍고부터 도전해보세요!
파우치뿐 아니라 셔츠나 에코백 등 원하는 곳에 마음껏 수놓아도 좋아요.

HOW TO MAKE

178p

14 인조이 캠핑 파우치
CAMPING POUCH

HOW TO MAKE

182p

어디론가 훌쩍 떠나고 싶을 때,

가방 하나 둘러메고 무작정 길을 나서보는 건 어떨까요?

어쩌면 막연하기도 한 여행길에, 필요한 물건들이 순간순간 때맞춰 등장해준다면 더없이 든든할 거예요.

언제고 떠날 수 있다는 마음을 담아서, 간단한 준비물을 지니고 다니다보면

언젠가 뜻밖의 멋진 곳에 서 있지 않을까요?

카메라와 랜턴, 시원한 물로 파우치를 채워보세요. 이 파우치를 볼 때마다 설렐 거예요.

15

티 포트 앤드 스푼 테이블 매트

TEAPOT & SPOON TABLE MAT

맛있는 음식을 선물하는 날,
테이블에 놓인 정성을 그대로 느낄 수 있다면 맛도 기분도 더 좋아지겠죠.
고마운 사람에게 음식을 대접하면서 직접 만든 테이블 매트로 마음을 표현해보세요.
함께 음식을 나누는 그 시간이 몇 배로 더 행복해질 거예요.

HOW TO MAKE
186p

HOW TO MAKE

190p

과일 3총사 키친 클로스
FRUIT KITCHEN CLOTH

동글동글한 모양의 과일을 자수로 표현하면 사랑스러움이 배가 돼요.
빨갛거나 분홍빛을 가진 과일이라면 더 그렇고요.
토마토, 딸기, 복숭아를 동글동글 수놓아 키친 클로스를 완성했어요.
주방 위생과 인테리어를 과일 3총사에게 맡겨주세요.
주방에 걸어만 두어도, 직접 사용할 때도 살짝살짝 보이는 과일 자수 덕분에
주방에 머무는 시간이 더 행복해질 거예요.

⑰ 밤하늘 선인장 갈런드

TWINKLING NIGHT WITH CACTUS GARLAND

까만 밤하늘에 빼곡히 수놓인 별, 그 아래 조용한 벌판을 지키는 선인장….
화려한 불빛이 넘쳐나고, 끊임없이 소란한 소리가 귀를 울리는
도시 속에 살다보면, 때로는 이런 고요함이 간절해져요.
가만히 마주하고 있으면, 잠시라도 그 속에 머무는 기분이 들 수 있도록
아름다운 밤하늘을 가진 선인장의 풍경을 선물할게요.

HOW TO MAKE
194p

자수를 더하다

18
폴 인 래빗 에코백

RABBITHOLIC ECOBAG

HOW TO MAKE

200p

토끼를 생각하면 복슬복슬한 털이 가장 먼저 생각이 나요.
어릴 적 학교 앞에서 만난 토끼를 두 손으로 안았을 때,
온몸에 닿았던 하얗고 부드러운 감촉이 아직도 생생하거든요.
기억 속의 토끼를 그대로 담고 싶어서 울사를 선택했어요.
도톰한 질감이 토끼의 부드러운 털을 개성 있게 표현해줄 거랍니다.
도도하게 앉아있는 토끼의 시크한 표정을 보는 것도 또 하나의 재미가 될 거예요.

19

플라밍고 액자

FLAMINGO EMBROIDERY FRAME

핑크빛 고운 깃털과 쭉 뻗은 다리를 가진 플라밍고는 정말 매력적인 동물이에요.
그러데이션사를 이용해 플라밍고의 날개 깃털을 더욱 풍성하게 표현했어요.
단 하나뿐인 작품으로 공간 한편을 채워보세요.
플라밍고의 깃털처럼 환상적인 일들이 벌어질 거예요.

HOW TO MAKE
202p

숲속 동물 쿠션
ANIMAL CUSHION

해가 지면 모여드는 숲 속 친구들이 있어요.
덩치 큰 곰부터 가벼운 걸음의 무당벌레까지! 어둠이 내린 숲속에 한데 모여 무슨 이야기를 나눌까요?
밋밋하게 잠자고 있던 쿠션에 포인트 자수를 새겨 분위기를 살려보세요.
간단한 스티치로, 오랜 시간을 들이지 않아도 뚝딱 완성할 수 있어요.

HOW TO MAKE
208p

(21) 맘 앤드 쿡 앞치마

MOM AND COOK APRON

뭐니 뭐니 해도 엄마의 손맛이 가득 담긴 집밥만큼 따뜻하고 맛있는 음식은 없죠.
그래서 앞치마에 놓을 작품으로는 고민없이 엄마와 아이의 모습을 떠올렸어요.
졸졸졸 엄마 뒤를 쫓는 귀여운 아기 오리와 맛있는 음식을 가득 들고 서 있는
엄마 오리의 모습이 볼 때마다 미소를 짓게 해요.

HOW TO MAKE
212p

22 러블리 동물 반다나

LOVELY PETS BANDANA

오랜 시간 사랑을 나누며 함께 해온 나의 단짝 반려동물.
눈은 무슨 색이었는지, 수염은 어느 방향으로 뻗었는지, 코는 어떻게 생겼는지.
하나하나 살피면서 더 애정 어린 관심을 쏟아보는 것은 어떨까요?
내 단짝과 꼭 닮은 반다나로 아주 특별한 초상화를 만들어보세요.

CHAPTER 3

자수의 기초

준비물

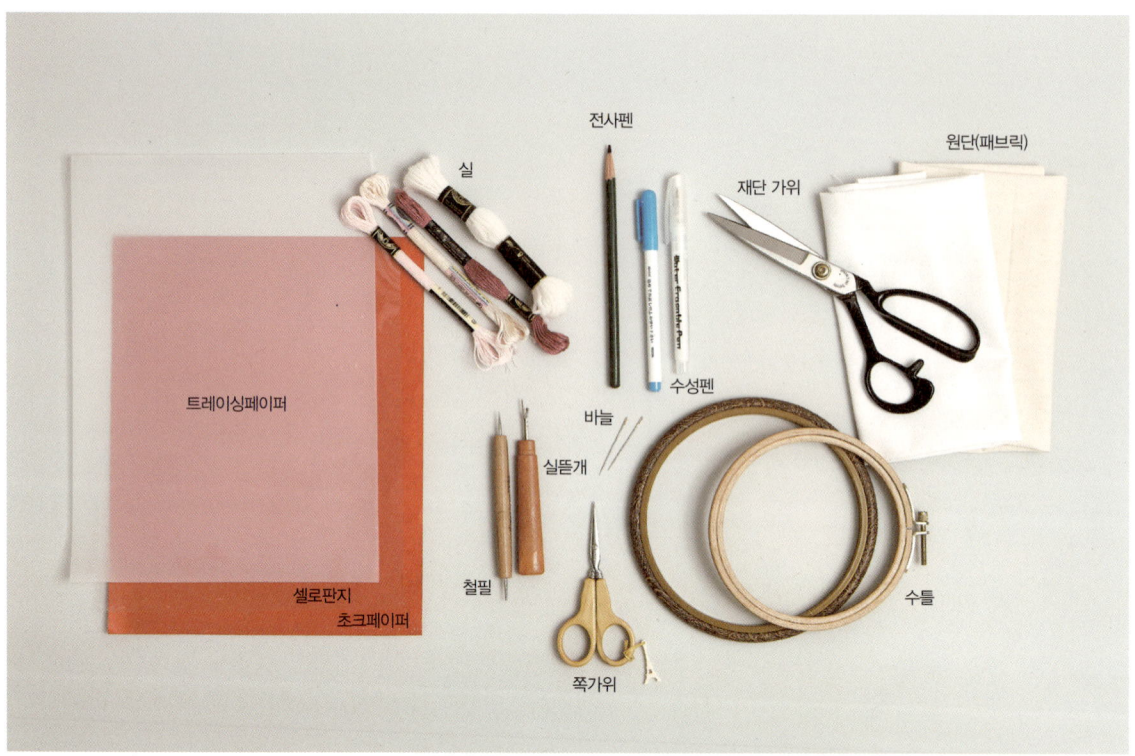

전사펜
원단(패브릭)
실
재단 가위
수성펜
바늘
트레이싱페이퍼
실뜯개
셀로판지
철필
초크페이퍼
쪽가위
수틀

원단(패브릭)

자수용 원단으로는 리넨, 광목, 옥스퍼드, 캔버스 등을 주로 사용해요. 조직이 너무 엉성하거나 얇은 원단은 모양을 잡기도 어렵고 찢길 염려가 있어 피하는 게 좋아요. 제일 많이 쓰는 원단은 리넨과 광목이며, 특히 리넨은 다양한 색을 가지고 있어서 선택의 폭이 넓어요.

바늘

바늘은 자수 전용 바늘을 사용하는 것을 추천해요. 자수 바늘은 일반 바늘보다 바늘귀가 길고 큰 편입니다.

바늘은 다양한 굵기의 것이 있는데, 원단의 두께와 조직에 따라 알맞은 바늘을 골라서 사용하는 것이 좋아요. 바늘의 호수가 작을수록 바늘 굵기가 굵어지고, 바늘 호수가 커지면 바늘 굵기가 작아집니다.

예 (굵다) 바늘 3호 〉바늘 9호 (얇다)

브랜드에 따라서도 다양한 굵기와 형태가 있기 때문에, 특정한 바늘을 추천하기는 어려워요. 하지만 프랑스 자수는 보통 3가닥의 실을 엮어서 수를 놓기 때문에, 5호와 6호의 바늘이 사용 빈도가 가장 높은 편이에요. 얇은 원단을 쓰거나, 세밀한 자수를 새길 때는 얇은 바늘을 쓰는 게 조금 더 정확한 표현을 할 수 있으며, 7~9호의 바늘이 적합합니다.

실

프랑스 자수에서 주로 사용하는 실은 DMC 25번사, 울사, 그러데이션사, 애플톤사 등이에요. 색연필이나 원단이 그렇듯, 자수 실 또한 같은 색이라도 브랜드마다 색감 차이가 커요. 따라서 표현하고자 하는 느낌이나 선의 굵기, 질감 등에 따라서 적당한 실을 선택하여 사용하는 것이 좋습니다.

수틀

원단을 팽팽하게 당겨서 수를 새기기 편리하게 해주는 도구예요. 꼭 필요한 것은 아니지만 활용하면 더 완성도 있는 작품을 만들 수 있어요. 다양한 크기가 있어서 새기려는 수 크기에 맞게 선택해서 사용하는 것이 좋아요. 작은 수틀이 한 손으로 잡기도 쉽고, 원단을 더 팽팽하게 잡아주기 때문에 활용도가 높습니다. 수틀에 끼우고 수를 놓다가 원단이 늘어졌다고 생각되면, 중간중간 다시 당기고 나사를 조여 팽팽하게 만들어주세요.

재단 가위

원단을 자를 때 쓰는 가위예요. 가위는 용도에 맞게 구분해서 사용하는 것을 추천합니다. 재단 가위로 종이 등을 자르면 가윗날이 금방 망가져서 오래 사용할 수 없어요. 종이를 자르는 일반 가위로 원단을 자르는 것 또한 날을 망가트리게 되니 유의하세요.

쪽가위

매듭을 정리하거나 실을 자를 때 사용해요. 가윗날 끝이 뾰족해서 실을 깔끔하고 정확하게 자를 수 있어요.

실뜯개

수정을 위해 새긴 자수를 뜯거나, 수를 다 놓은 후 실밥을 제거할 때 사용해요. 특히 처음 자수를 시작하면, 실수가 생겨 뜯고 다시 수놓는 일이 빈번하기 때문에, 구비해두면 빠르고 정확하게 뜯어낼 수 있어서 편리하답니다.

초크페이퍼

도안을 원단에 옮길 때 사용합니다. 일반 먹지와 달리, 초크 형태의 가루를 종이에 씌운 자수 전용 먹지예요. 초크가 묻은 부분이 원단에 맞닿게 올린 후, 그 위에 도안을 올려 따라 그리는 방식으로 써요. 초크페이퍼는 물에 담궈도 잘 지워지지 않는 특성이 있어요. 비누칠을 한 뒤 살살 비벼서 빨아주세요.

트레이싱페이퍼

도안을 원단에 옮겨 그릴 때 사용합니다. 앞뒷면 구분 없이 전사펜을 이용해 도안을 따라 그린 후, 도안을 그린 부분이 원단에 맞닿게 놓아 다리미로 지그시 눌러 다리면 도안이 옮겨져요. 펜이 그려진 부분을 원단에 올려놓고 다리기 때문에 도안을 그릴 때 좌우 방향을 반전시켜야 도안이 정방향으로 옮겨집니다.

수성펜

물이 닿으면 지워지는 수성 잉크로 만든 펜이에요. 밑그림 도안을 그릴 때 사용합니다. 도안을 따라 수를 다 새긴 후, 물에 담가놓으면 깨끗하게 지워져요.

전사펜

다리미로 눌러 다리면 옮겨지는 전사 잉크로 만든 펜이에요. 전사펜으로 도안을 그린 후 다리미질하면 도안이 옮겨지기 때문에, 도안을 트레이싱지에 옮긴 후 다시 먹지를 대고 그렸던 예전의 번거로움을 줄이고, 간편하게 도안을 옮길 수 있어요. 전사펜으로 그린 부분이 원단에 맞닿게 놓고 다려야 하기 때문에 도안을 그릴 때 좌우 방향을 반전시켜야 합니다.

철필

초크페이퍼 위에서 도안을 그릴 때 사용하며, 볼펜 등 심이 있는 펜으로 대체도 가능합니다. 잉크 펜이나 너무 얇은 촉의 펜은 도안을 그리는 중에 도안 종이나 초크페이퍼를 찢을 수 있으니 쓰지 않는 것이 좋아요.

셀로판지

도안을 옮겨 그릴 때, 도안 위에 올려서 도안이 찢어지거나 훼손되는 것을 방지하는 역할을 해요.

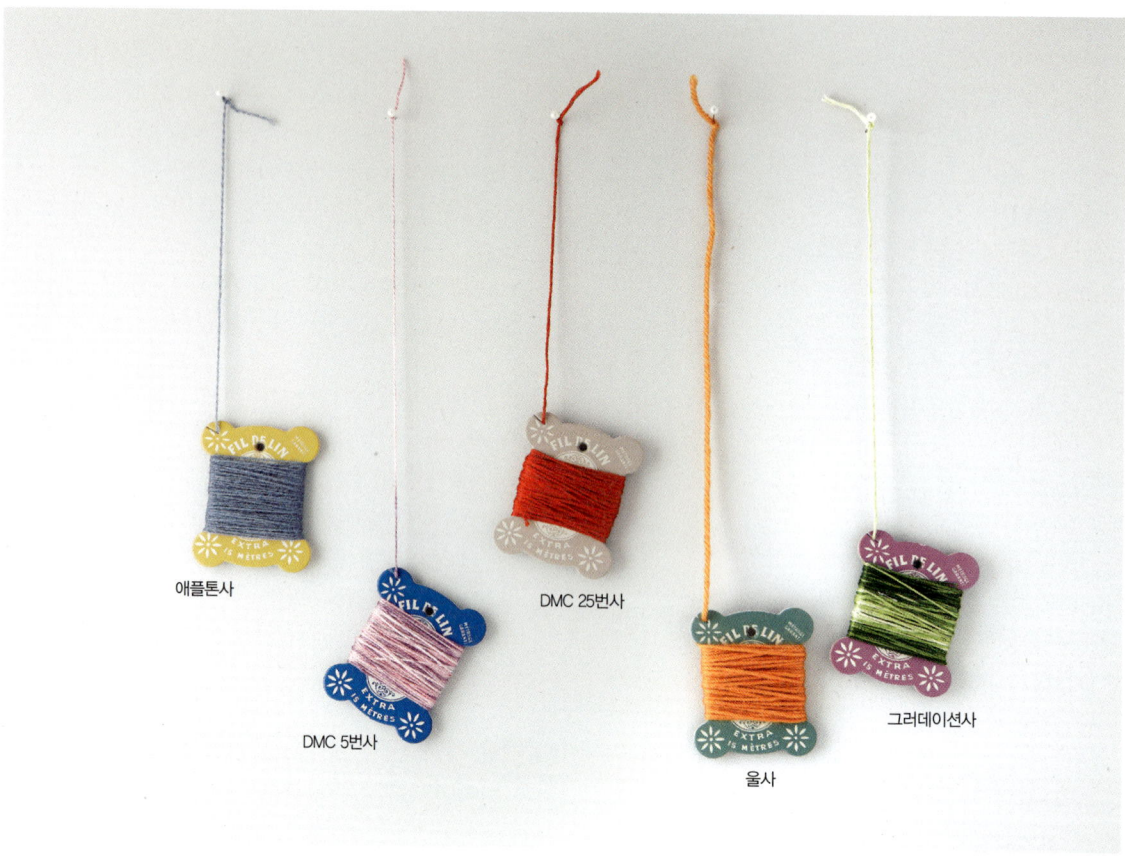

실의 종류

애플톤사

DMC 5번사

DMC 25번사

울사

그러데이션사

애플톤사

DMC 울사보다 굵기는 얇지만, 더 거친 질감의 실이에요. 영국산 양모울 100%로 만들어지며, 실 두 가닥이 꼬여있어 볼륨감이 좋습니다.

DMC 5번사

'펄 코튼사'라고도 불려요. 실 두 가닥을 꼬아 만들었기 때문에 실 자체에 꼬임이 있고 DMC 25번사보다 굵기가 굵은 실이에요. 실 가닥을 나누지 않고 필요한 길이로 잘라서 그대로 사용해요. 광택이 나는 실이라 입체적인 표현이 가능합니다.

DMC 25번사

자수용으로 가장 많이 쓰이는 실이에요. 십자수에서도 주로 쓰는 실입니다. 6가닥으로 엮인 실을 필요한 가닥수만큼 뽑아서 사용하는데, 프랑스 자수에서는 3가닥을 가장 많이 써요. 색이 무척 다양한

편이고, 제조 회사에 따라 색감에 차이가 있으니 필요한 색을 잘 골라 쓰는 게 좋아요.

울사

내구성과 촉감이 무척 좋은 실이에요. 도톰한 굵기와 질감을 가지고 있으며, 고급스러운 느낌을 표현하기에 좋은 실입니다.

DMC 그러데이션사

한 줄의 실에 4~5가지의 색이 일정한 간격을 두고 연결되어 염색돼 있는 실이에요. 그렇기 때문에 하나의 실로 수를 놓아도 여러 실을 사용한 것처럼 보인답니다. 색이 화려하고 예뻐서 풍부한 색감으로 면적을 채울 수 있어요.

자수 기초 수업

× 실 준비하기

❶ 실 풀기

1 실을 감싼 종이의 바코드 쪽으로 나온 실 끝을 당겨서 시작점을 표시합니다.

2 종이를 벗긴 후, 실 뭉치를 반으로 크게 갈라 실을 감을 때 엉키지 않게 합니다.

❷ 보빈에 실 감기

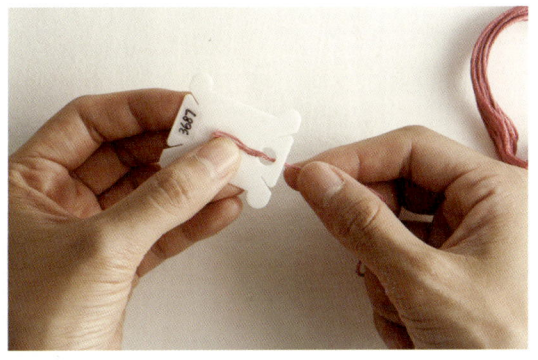

1 종이에 쓰인 실 번호를 보빈에 옮겨 적습니다.

2 보빈의 구멍에 실 끝을 끼워 잡습니다.

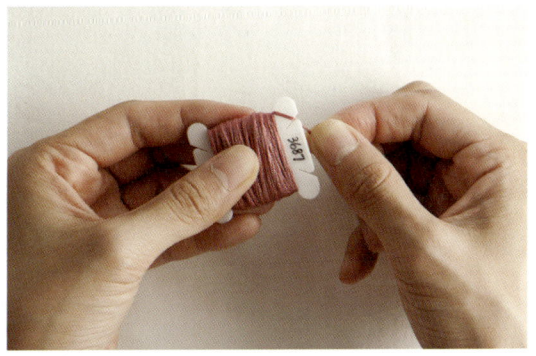

3 구멍에 끼운 실 위로, 실을 가로 방향으로 감습니다.

4 보빈에 다 감은 후 실 끝은 보빈 윗부분의 틈새에 끼워 보관합니다.

×× 바늘과 실 준비하기

❶ 바늘에 실 끼우기

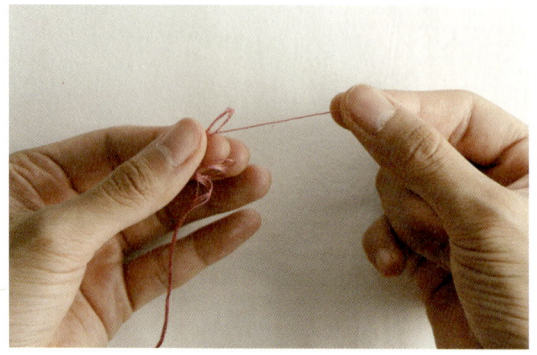

1 실을 적당한 길이로 잘라낸 후, 한 가닥씩 잡아 뺍니다.

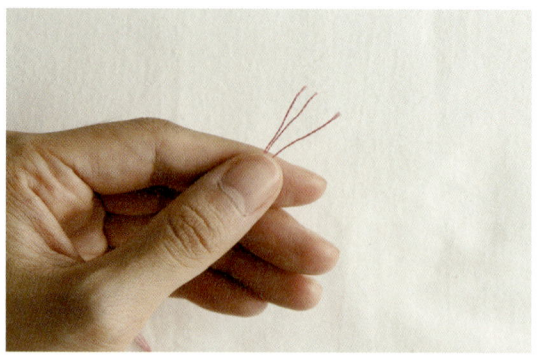

2 필요한 가닥만큼 빼낸 뒤, 실 끝을 맞춰 정리합니다.

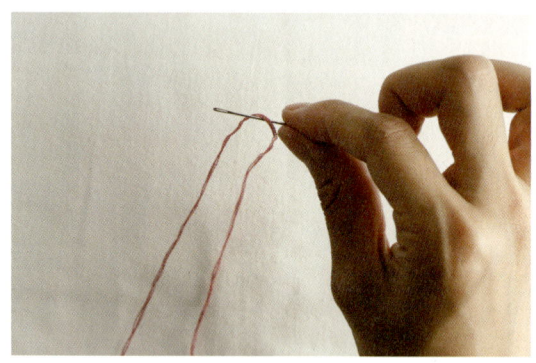

3 정리한 실을 바늘 위에 걸칩니다.

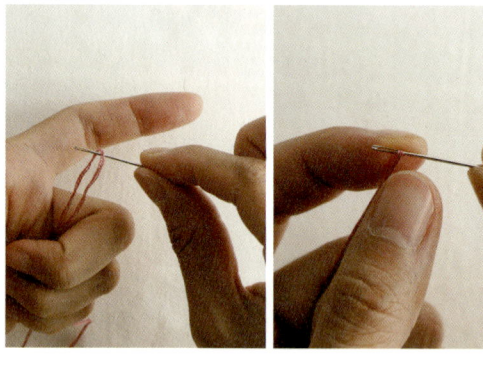

4 바늘을 잡은 반대 손으로 실을 감싸듯 쥐고, 팽팽히 당깁니다.

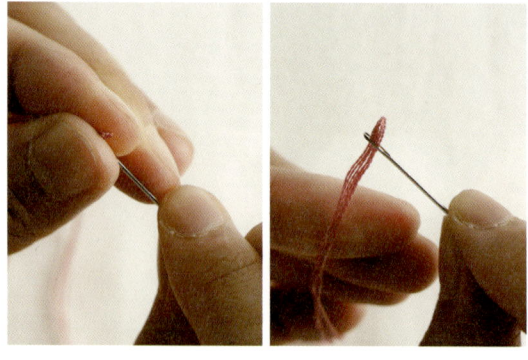

5 바늘 위에서 접힌 실을 엄지와 검지로 잡습니다. 다른 손으로 바늘을 뺐다가, 실을 잡은 두 손가락 끝을 살짝 벌려 그 사이로 바늘귀를 넣으면, 실을 바늘에 쉽게 끼울 수 있습니다.

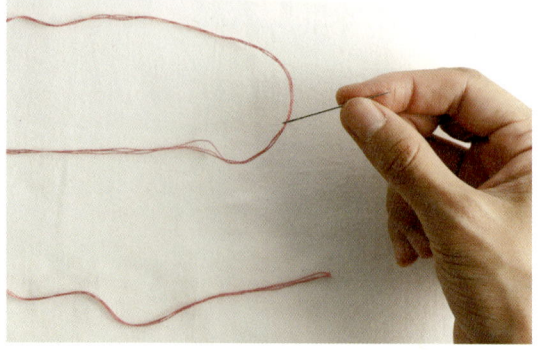

6 실을 당겨, 실이 바늘에서 빠지지 않도록 넉넉히 통과시킵니다.

❷ 실 끝 매듭짓기

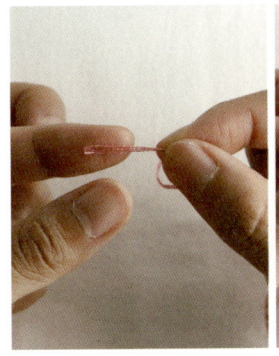 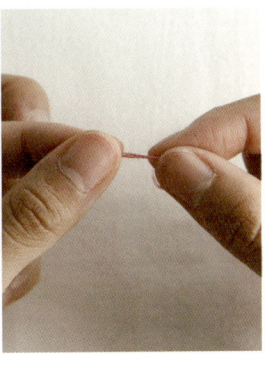

1 바늘에 통과시킨 실 중 긴 부분의 실 끝을 엄지와 검지로 잡아 실을 정리합니다.

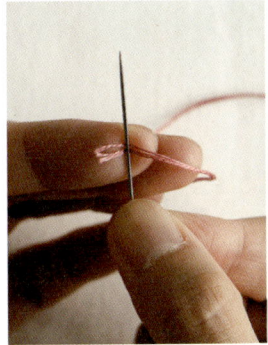 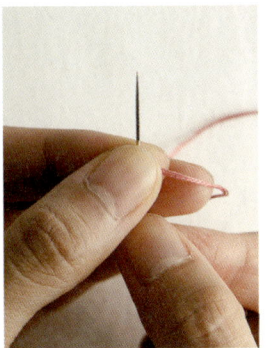

2 정리한 실 끝에 바늘을 '+자' 모양이 되도록 올린 후, 엄지로 덮어 잡습니다.

 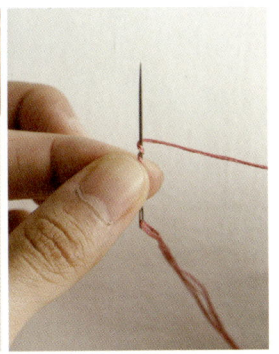

3 엄지와 검지 사이로 나온 실을 잡아 바늘에 2바퀴 감습니다.

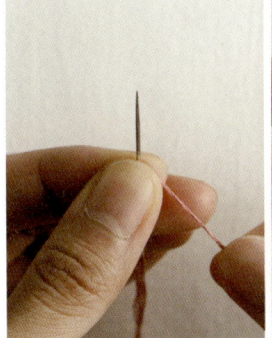 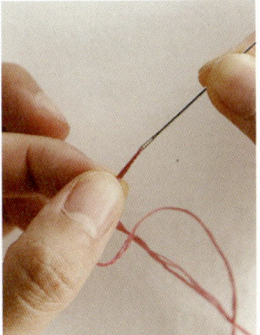

4 감은 실을 감싸듯 잡고, 바늘귀 쪽으로 잡아당깁니다.

5 실 끝까지 잡아당겨 매듭을 완성합니다.

××× 도안 옮기기

❶ 초크페이퍼로 옮길 경우

1 도안을 옮겨 그릴 원단을 준비합니다.

2 원단 위에 초크페이퍼를 적당한 크기로 잘라 올립니다. 초크가 묻은 면이 원단과 맞닿게 놓습니다.

3 초크페이퍼 위에 도안을 올립니다.

4 도안 종이 위에 셀로판지를 올리면 도안이 찢어지는 것을 방지할 수 있습니다.

5 철필이나 심이 있는 펜으로 도안을 따라 그립니다.

6 원단에 옮겨진 도안을 확인합니다.

❷ 트레이싱페이퍼로 옮길 경우

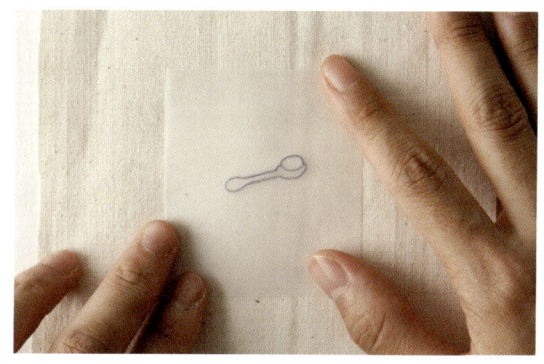

1 도안 위에 트레이싱페이퍼를 올린 뒤, 전사펜으로 도안을 따라 그립니다.

  TIP 이때, 도안의 좌우를 반전시켜 그려야 원단에 정방향의 도안이 옮겨 그려집니다.

2 원단 위에, 도안을 따라 그린 트레이싱페이퍼를 올립니다. 펜으로 그린 부분이 원단과 맞닿게 올립니다.

3 다리미로 지긋이 눌려 다립니다. 도안이 움직이지 않게 고정한 뒤 열을 가해야 도안이 밀리지 않고 옮겨져요.

××××× 자수 마무리하기

❶ 매듭으로 마무리하는 방법

1 완성한 자수의 뒷면이 보이게 원단을 뒤집습니다.

2 수를 끝낸 실을 잡은 채로 바늘을 반시계 방향으로 돌려 원을 만들고, 원 사이로 바늘을 통과시킵니다.

3 바늘을 통과시켜 생긴 매듭을 자수 뒷면에 닿도록 손으로 누른 뒤, 바늘이 꽂힌 실을 끝까지 잡아당깁니다.

4 만들어진 매듭을 확인한 후, 남은 실을 잘라 정리합니다.

❷ 굵은 자수 땀에 엮어서 마무리하는 방법

1 완성한 자수의 뒷면이 보이게 원단을 뒤집습니다.

2 굵게 뭉친 자수 땀을 골라 바늘을 통과시킵니다.

3 바늘을 끝까지 당겨 실을 통과시킵니다.

4 다시 바늘을 자수 땀 밑으로 통과시키기를 몇 번 더 반복합니다.

5 남은 실을 잘라내어 정리합니다.

TIP 이대로도 마무리되지만, 풀어짐을 방지하고 싶다면 매듭을 묶어도 좋습니다.

이 책에서 사용하는 스티치

01 프렌치 노트 스티치 ▸▸83p

02 새틴 스티치 ▸▸80p

03 러닝 스티치 ▸▸82p

04 레이지 데이지 스티치 ▸▸84p

05 백 스티치 ▸▸79p

06 카우칭 스티치 ▸▸112p

07 아우트라인 스티치 ▸▸77p

08 블리온 스티치 ▸▸92p

09 버튼홀 스티치 ▸▸88p

10 스파이더 웹 로즈 스티치 ▸▸108p

11 스트레이트 스티치 ▸▸76p

12 프리 스티치 ▸▸101p

13 플라이 스티치 ▸▸86p

14 스플릿 스티치 ▸▸90p

15 실론 스티치 ▸▸104p

16 어민 스티치 ▸▸85p

17 로제트 체인 스티치 ▸▸96p

18 체인 스티치 ▸▸94p

19 플랫 스티치 ▸▸110p

20 롱 앤드 쇼트 스티치 ▸▸98p

×× 스트레이트 스티치 ××

1 원하는 위치로 바늘을 빼 올립니다.

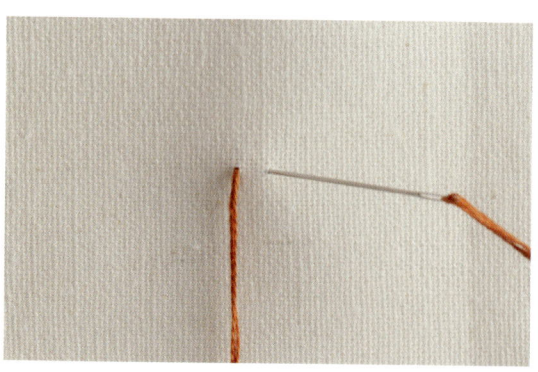

2 원하는 땀 길이를 잡은 후, 바늘을 다시 넣습니다.

3 뒷면에서 실을 당겨 스트레이트 스티치를 완성합니다.

4 스트레이트 스티치가 필요한 도안이나 원하는 모양에 따라, 앞 과정을 반복합니다.

×× 아우트라인 스티치 ××

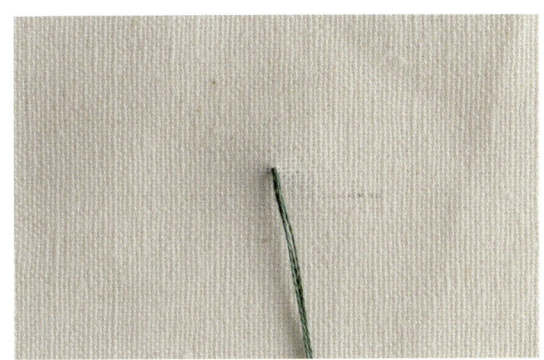

1 원하는 위치로 바늘을 빼 올립니다.

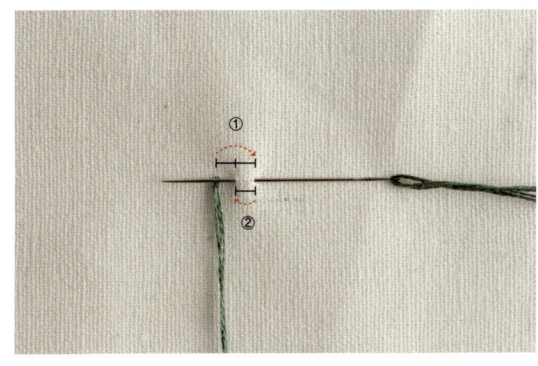

2 과정1에서 뺀 실을 기준점으로, 오른쪽으로 두 땀 뒤에 바늘을 넣었다가 왼쪽으로 한 땀 앞에서 다시 뺍니다.

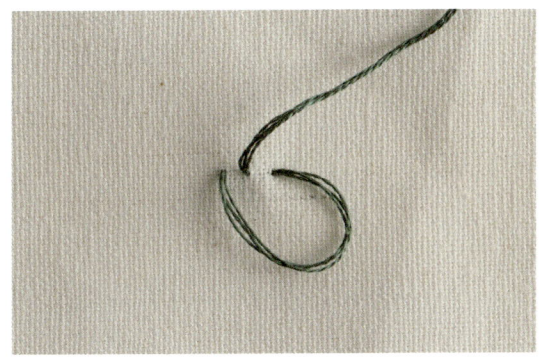

3 과정2에서 뺀 실이 위쪽으로 향하게 정리한 후, 실을 당깁니다.

4 실을 끝까지 당겨 아우트라인 스티치를 완성합니다.

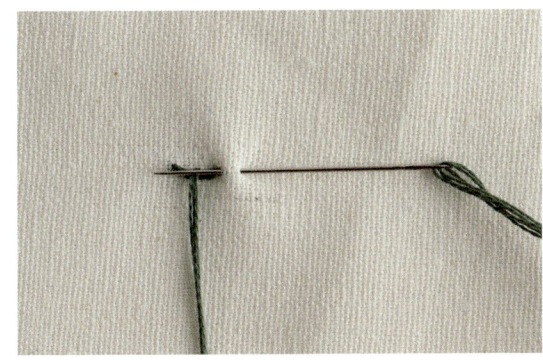

5 다음 스티치를 이어갈 때에도 같은 방법으로 진행합니다. 마지막으로 뺀 실을 기준점으로, 두 땀 뒤로 바늘을 넣었다가 한 땀 앞에서 바늘을 빼는 방식으로 진행합니다.

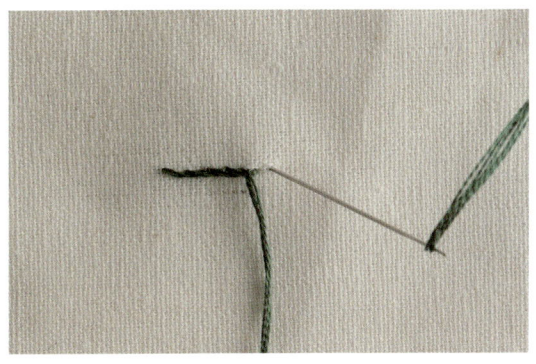

6 원단을 통과한 실이 항상 스티치의 위쪽으로 향하도록 방향을 정리하면서 진행합니다.

7 아우트라인 스티치가 필요한 도안이나 원하는 모양
  에 따라, 앞 과정을 반복합니다.

×× 백 스티치 ××

1 원하는 위치로 바늘을 빼 올립니다.

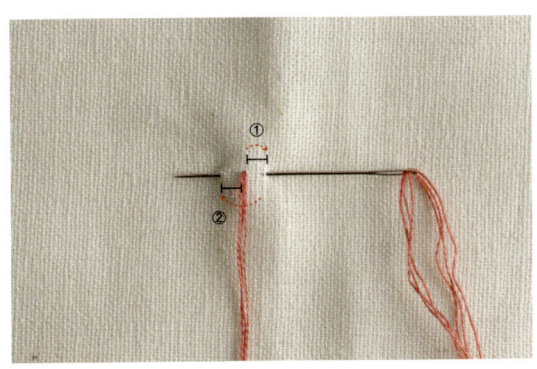

2 과정1에서 뺀 실을 기준점으로, 오른쪽으로 한 땀 뒤에 바늘을 넣었다가 기준점의 한 땀 앞에서 다시 뺍니다.

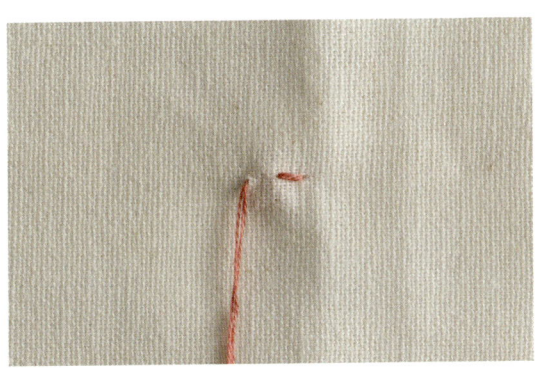

3 실을 끝까지 당겨 백 스티치를 완성합니다.

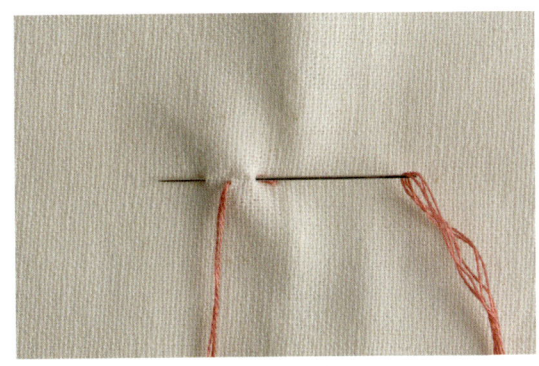

4 다음 스티치를 이어갈 때도 같은 방법으로 진행합니다. 마지막으로 뺀 실을 기준점으로, 한 땀 뒤에 바늘을 넣고, 기준점의 한 땀 앞에서 바늘을 빼냅니다.

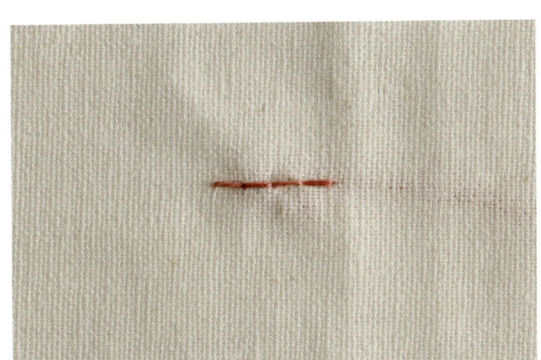

5 백 스티치가 필요한 도안이나 원하는 모양에 따라, 앞 과정을 반복합니다.

×× 새틴 스티치 ××

1 스티치로 채울 면을 가이드 선 형태로 그립니다.

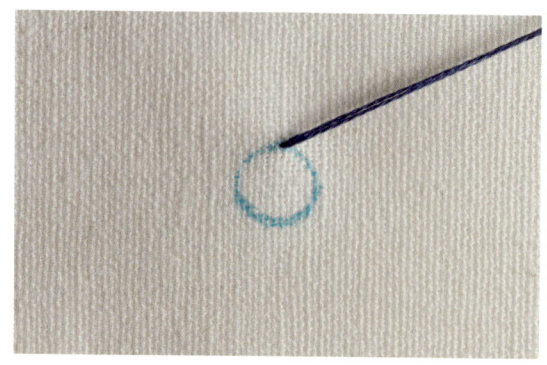

2 원의 윗부분 가운데로 바늘을 빼 올립니다.

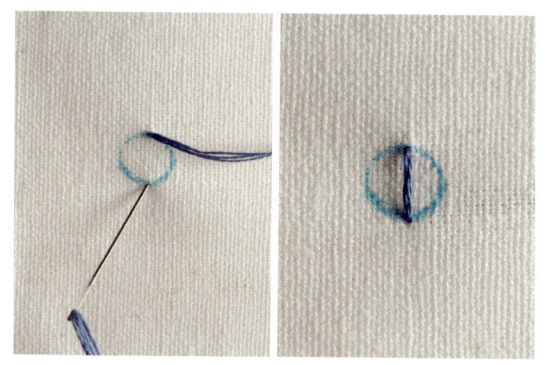

3 과정2에서 뺀 실이 일직선이 되도록 원의 아랫부분에 바늘을 넣어 통과시킵니다.
가운데 중심선을 먼저 놓고 양옆으로 놓으면 더 예쁘게 모양 잡을 수 있습니다.

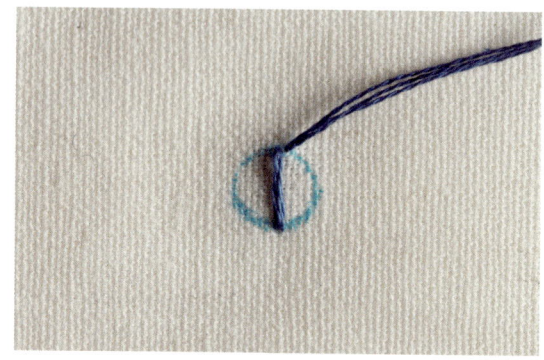

4 과정2에서 뺀 실 바로 옆으로 바늘을 빼 올립니다.

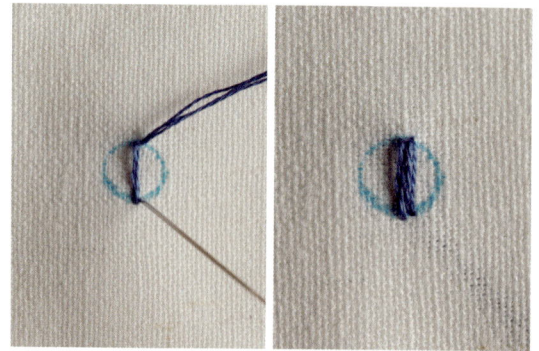

5 과정4에서 뺀 실이 일직선이 되도록 원의 아랫부분에 바늘을 넣어 통과시킵니다.

6 같은 과정을 반복하여 오른쪽 면을 모두 채웁니다.

7 자수의 뒷면이 밖으로 향하도록 원단을 뒤집습니다.

8 완성된 자수 땀을 가로질러 바늘을 통과시킵니다.

TIP 도안의 크기가 클 경우에는 바늘을 가로지르지 말고, 끝에서 매듭짓고 반대편에서 다시 시작합니다.

9 자수의 앞면이 밖으로 향하도록 원단을 다시 뒤집은 후, 완성한 스티치의 왼쪽 윗부분으로 바늘을 빼올립니다.

10 과정9에서 실을 뺀 지점을 시작으로, 과정4~6을 반복하여 왼쪽 면을 모두 채우고 새틴 스티치를 완성합니다.

또 다른 방법

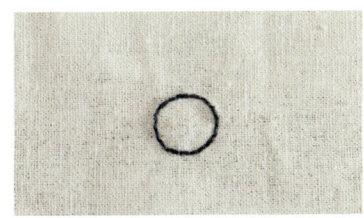

1 가이드 선(도안)을 따라 백 스티치를 놓습니다.

참고 백 스티치(p.79)

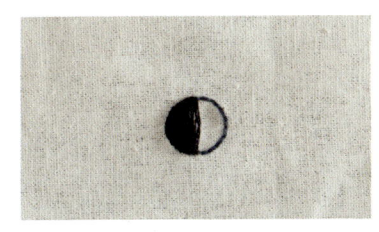

2 과정1에서 완성한 백 스티치 선을 덮으며, 그 위로 새틴 스티치를 놓습니다.

3 백 스티치 선을 끝까지 다 덮어 새틴 스티치를 놓으면, 더 깔끔하고 도톰한 느낌의 새틴 스티치를 완성할 수 있습니다.

×× 러닝 스티치 ××

1 원하는 위치로 바늘을 빼 올립니다.

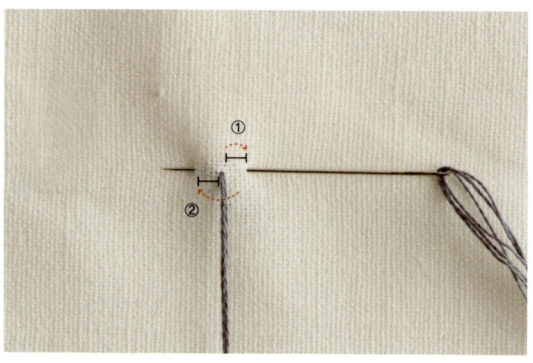

2 과정1에서 뺀 실을 기준점으로, 오른쪽으로 한 땀 뒤에서 바늘을 넣었다가 기준점의 한 땀 앞에서 다시 뺍니다.

3 실을 당겨 러닝 스티치를 완성합니다.

4 과정2와 땀 길이를 같게 하여 왼쪽으로 바늘을 넣었다가 다시 뺍니다.

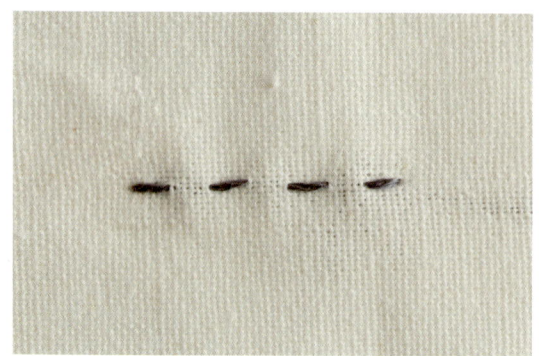

5 러닝 스티치가 필요한 도안이나 원하는 모양에 따라, 앞 과정을 반복합니다.

×× 프렌치 노트 스티치 ××

1 원하는 위치로 바늘을 빼 올립니다.

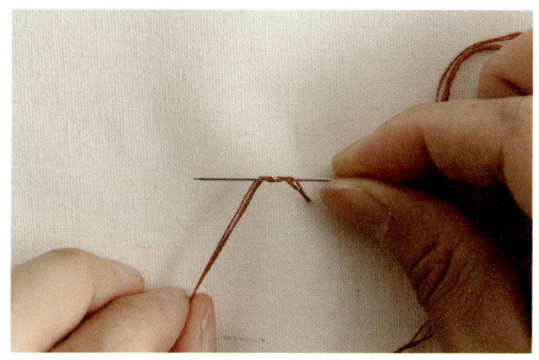

2 과정1에서 뺀 실을 바늘에 2바퀴 감습니다.

3 과정1에서 바늘을 빼냈던 위치에 바늘을 다시 넣습니다.

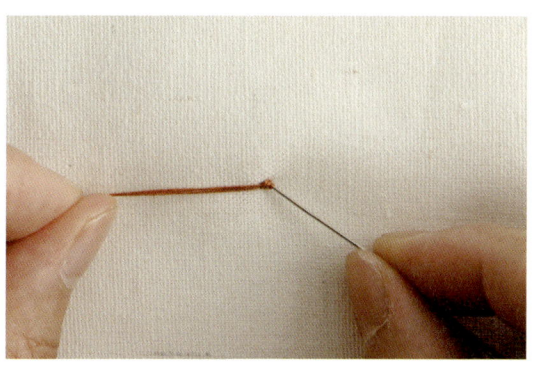

4 과정2에서 감은 실을 끝까지 당겨 매듭이 바늘 끝에 가도록 합니다.

5 바늘을 완전히 통과시킨 후, 과정4에서 당긴 실을 잡은 채로 실을 뒷면에서 당깁니다.

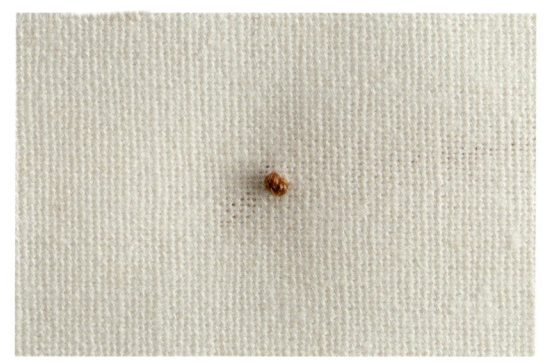

6 실을 끝까지 당겨 프렌치 노트 스티치를 완성합니다.

×× 레이지 데이지 스티치 ××

1 원하는 위치로 바늘을 빼 올립니다.

2 과정1에서 뺀 실 바로 옆으로 바늘을 넣은 후, 원하는 땀 길이를 잡고 바늘을 다시 뺍니다.

3 원 모양이 되도록 실을 당겨주는데, 만들어진 원이 과정2에서 뺀 실 밑으로 가도록 위치를 잡고 당깁니다.

4 실을 끝까지 당겨 꽃잎 모양이 되도록 잡습니다.

5 꽃잎 실을 감싸도록, 과정2에서 뺀 실 바로 위로 바늘을 다시 넣습니다.

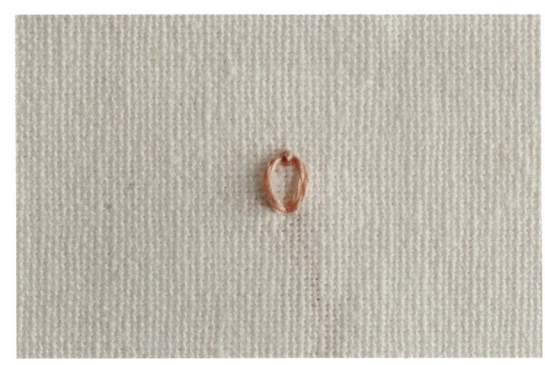

6 뒷면에서 실을 당겨 레이지 데이지 스티치를 완성합니다.

×× 어민 스티치 ××

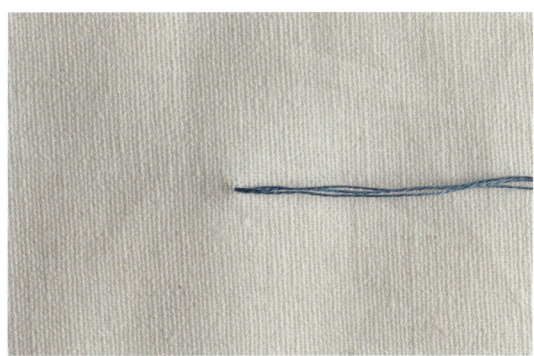

1 원하는 위치로 바늘을 빼 올립니다.

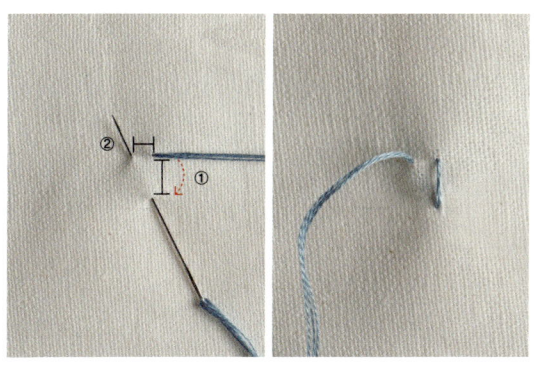

2 과정1에서 뺀 실을 기준점으로, 수직으로 원하는 길이만큼 떨어진 곳에 바늘을 넣습니다. 기준점에서 수평으로 한 땀 떨어진 곳에서 다시 바늘을 빼, 실을 끝까지 당깁니다.

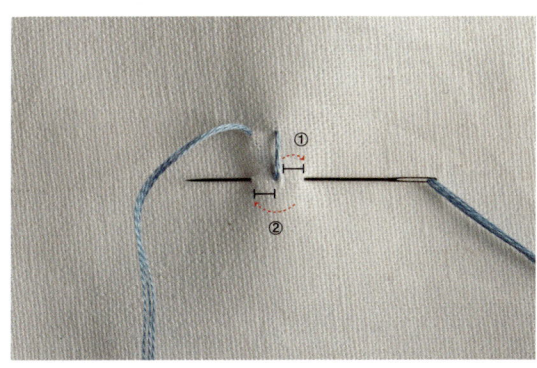

3 과정2에서 처음 바늘을 넣었던 곳을 기준점으로, 오른쪽으로 한 땀 뒤에서 바늘을 넣었다가 기준점의 한 땀 앞에서 다시 뺍니다.

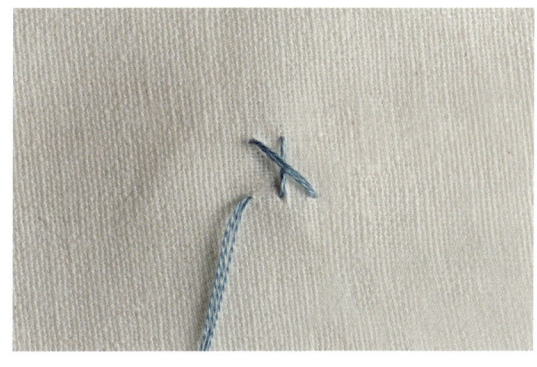

4 실을 끝까지 당겨, 'x자' 모양으로 실이 교차되도록 합니다.

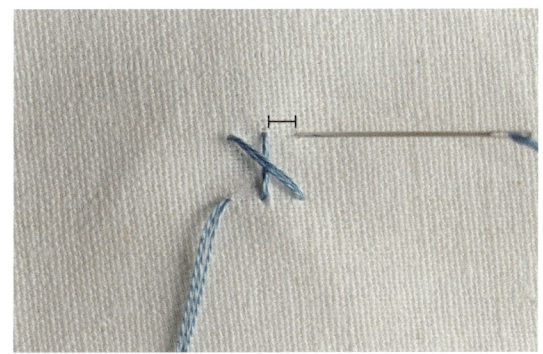

5 과정1에서 실을 뺀 지점에서 오른쪽으로 한 땀 떨어진 곳에 바늘을 넣습니다.

6 뒷면에서 실을 당겨 어민 스티치를 완성합니다.

×× 플라이 스티치 ××

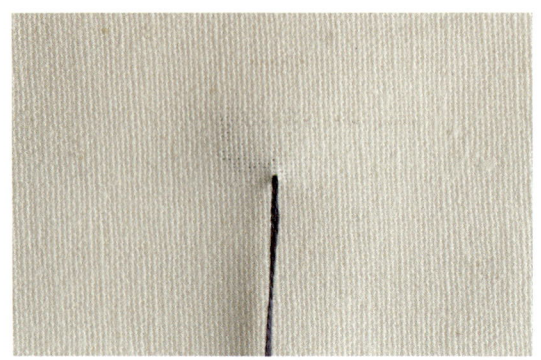

1 원하는 위치로 바늘을 빼 올립니다.

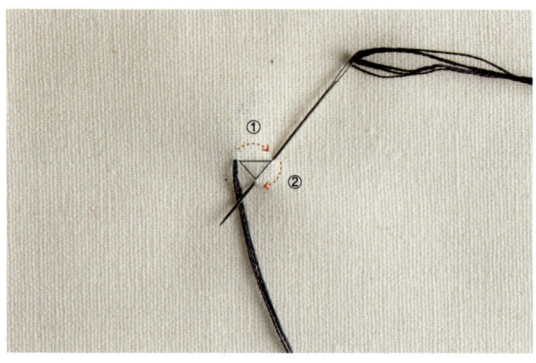

2 한 땀 오른쪽에 바늘을 넣습니다. 과정1에서 실을 뺀 지점, 다시 바늘을 넣은 곳과 역삼각형 모양이 되도록 위치를 잡아 바늘을 다시 뺍니다.

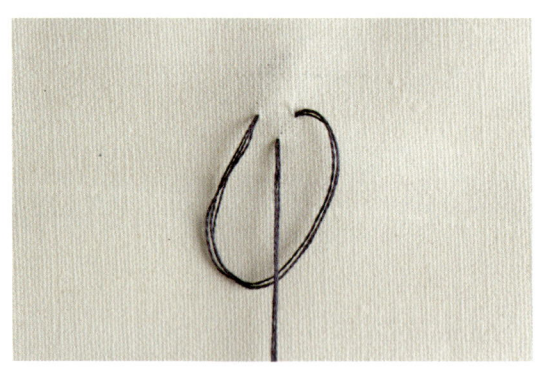

3 바늘을 통과시킨 후, 마지막 나온 실이 가장 위에 오도록 두고 실을 당깁니다.

4 실을 끝까지 당겨 'Y자' 모양이 되도록 합니다.

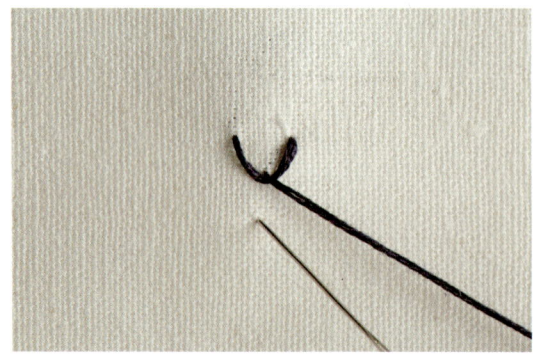

5 마지막으로 실을 뺀 지점에서 수직으로 한 땀 떨어진 곳에 바늘을 넣습니다.

6 뒷면에서 실을 당겨 플라이 스티치를 완성합니다.

7 다음 스티치를 이어갈 때는, 처음 실을 뺀 지점에서
수직으로 한 땀 떨어진 곳에서 시작합니다.

8 과정7에서 실을 뺀 지점에서 수평으로 한 땀 떨어진
곳에 바늘을 넣었다가, 이전 플라이 스티치가 끝난
지점으로 바늘을 빼냅니다.

9 과정8에서 실을 뺀 지점에서 수직으로 한 땀 떨어
진 곳에 바늘을 넣는 방식으로 진행합니다.

10 플라이 스티치가 필요한 도안이나 원하는 모양
에 따라, 앞 과정을 반복합니다.

×× 버튼홀 스티치 ××

1   원하는 위치로 바늘을 빼 올립니다.

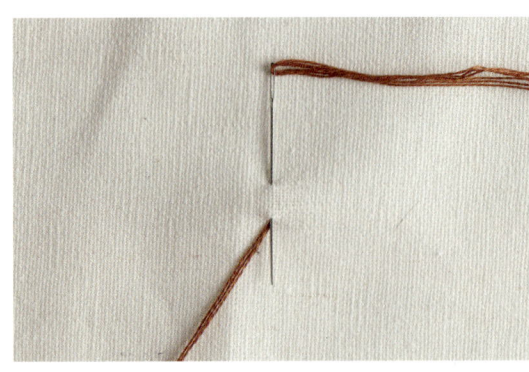

2   과정1에서 뺀 실을 기준점으로, 수직으로 한 땀 위에 바늘을 넣었다가 기준점에서 살짝 위로 다시 바늘을 뺍니다.

3   바늘을 통과시킨 후, 실이 서로 걸리지 않도록 실을 당깁니다.

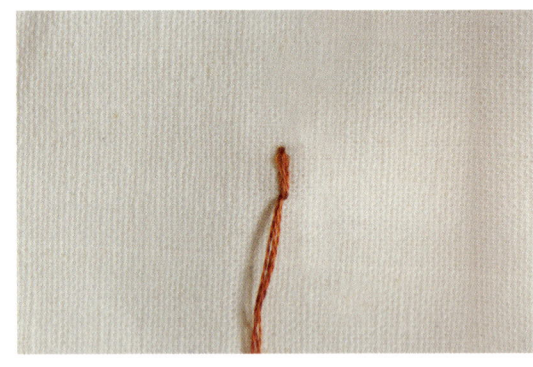

4   실을 끝까지 당깁니다.

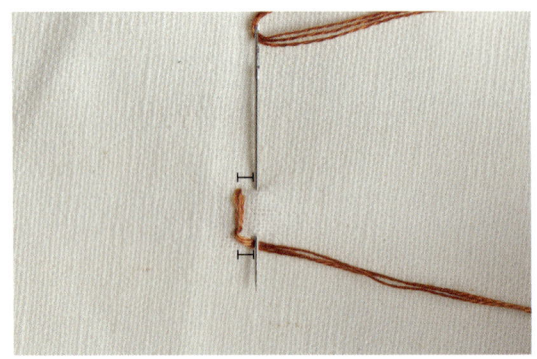

5   과정2에서 처음 바늘을 넣은 곳과 수평으로 한 땀 오른쪽에 바늘을 넣었다가, 과정2에서 바늘을 빼낸 지점과 수평으로 한 땀 오른쪽에서 바늘을 뺍니다.

6   마지막으로 나온 실이 가장 위에 오도록 모양을 잡아당깁니다.

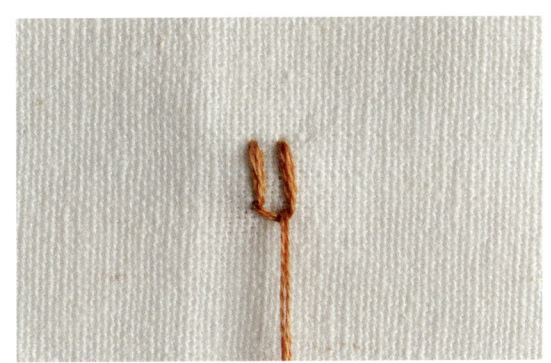

7 실을 끝까지 당겨 버튼홀 스티치를 완성합니다.

7 버튼홀 스티치가 필요한 도안이나 원하는 모양에 따라, 앞 과정을 반복합니다.

×× 스플릿 스티치 ××

1 원하는 위치로 바늘을 빼 올립니다.

2 원하는 땀 길이를 잡은 후, 바늘을 다시 넣습니다.

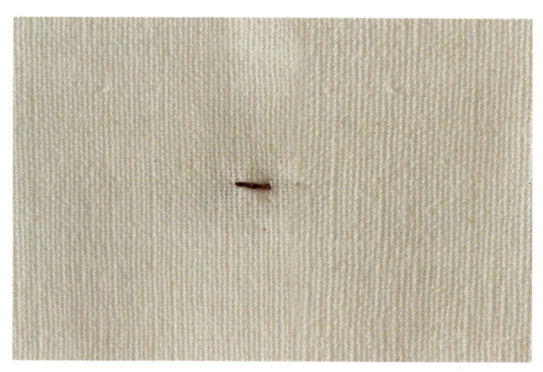

3 뒷면에서 실을 당겨 한 땀을 완성합니다.

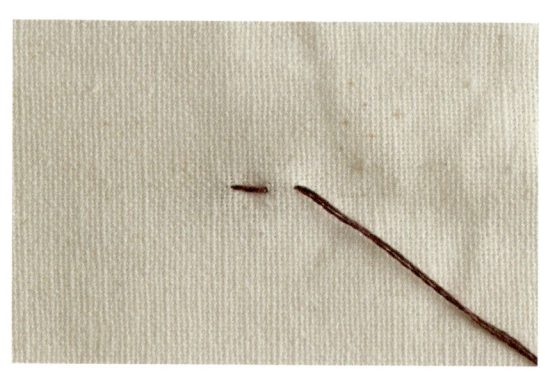

4 과정2에서 잡은 땀 길이만큼 땀을 잡은 후, 오른쪽
으로 바늘을 다시 뺍니다.

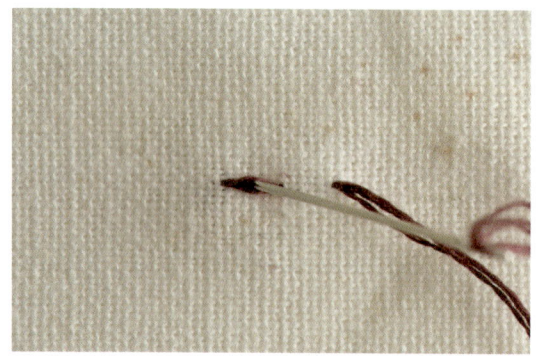

5 과정3에서 완성한 땀 가운데에 바늘을 넣습니다.
실 사이로 바늘이 통과하도록 넣습니다.

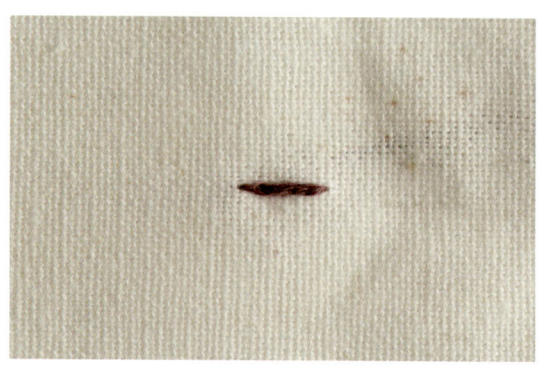

6 뒷면에서 실을 당겨 스플릿 스티치를 완성합니다.

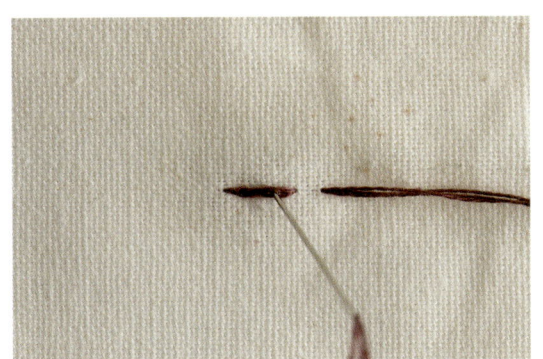

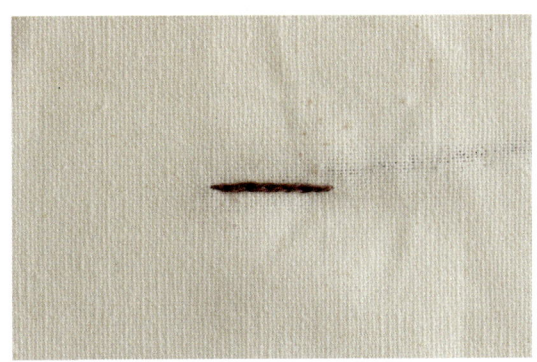

7 다음 스티치를 이어갈 때도, 오른쪽 한 땀 뒤로 바늘을 뺐다가, 앞 땀 가운데로 바늘을 다시 통과시키는 방식으로 진행합니다.

8 스플릿 스티치가 필요한 도안이나 원하는 모양에 따라, 앞 과정을 반복합니다.

×× 블리온 스티치 ××

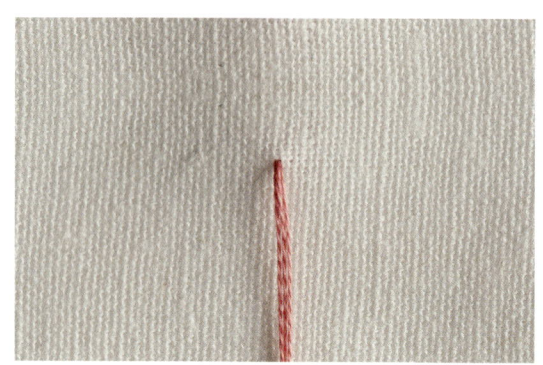

1 원하는 위치로 바늘을 빼 올립니다.

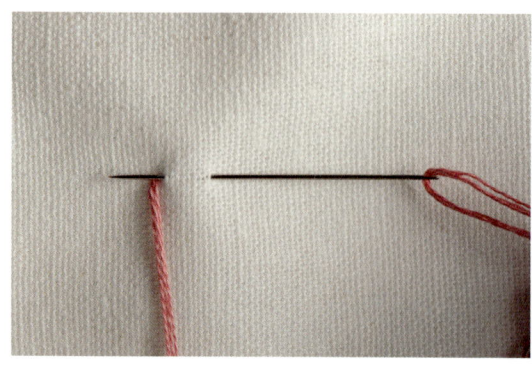

2 과정1에서 뺀 실을 기준점으로, 스티치를 넣고 싶은 만큼 땀 길이를 정해 바늘을 넣었다가, 기준점 바로 옆에서 바늘 끝을 살짝 빼올립니다.

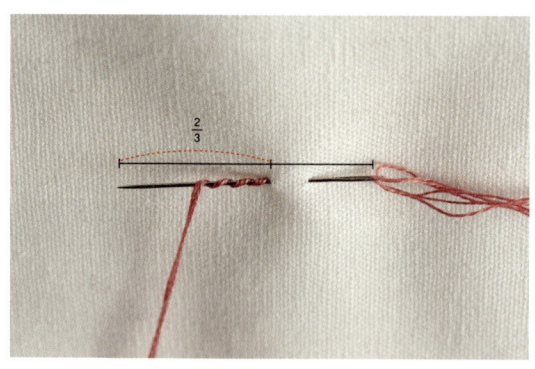

3 바늘을 원단에 2/3정도 밀어 넣은 채로, 바늘 앞에 놓인 실을 바늘에 여러 번 감습니다.

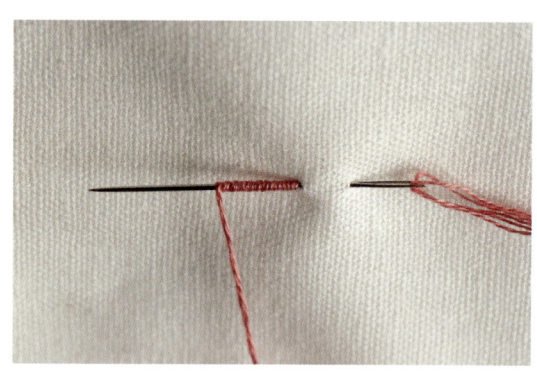

4 실을 바짝 당겼을 때, 감긴 실의 너비가 과정2에서 잡은 땀 길이보다 살짝 긴 정도로 실을 감습니다.

5 감은 실의 전체를 엄지와 검지로 잡습니다.

6 다른 손으로 바늘만 당겨 끝까지 빼 올립니다. 이때, 바늘을 원단과 직각이 되도록 세워서 당기면 더 쉽게 당겨집니다.

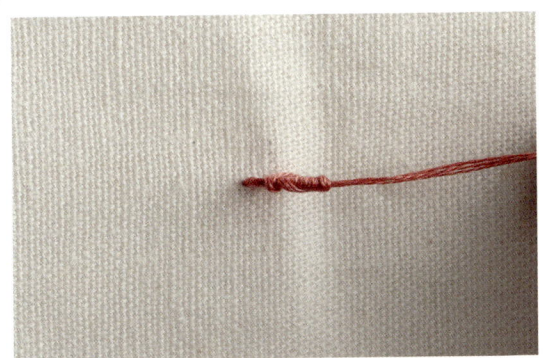

7 바늘에서 빠진 실뭉치를 원단 쪽으로 당겨 정리합니다.

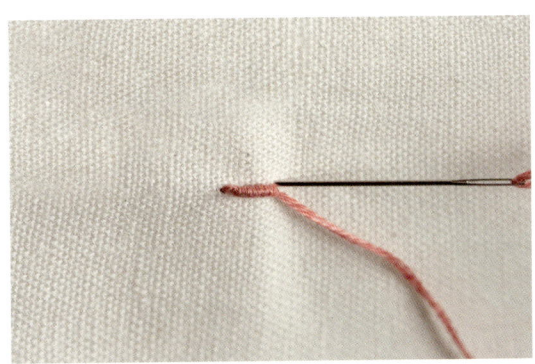

8 과정2에서 바늘을 넣었던 위치에 다시 바늘을 넣습니다.

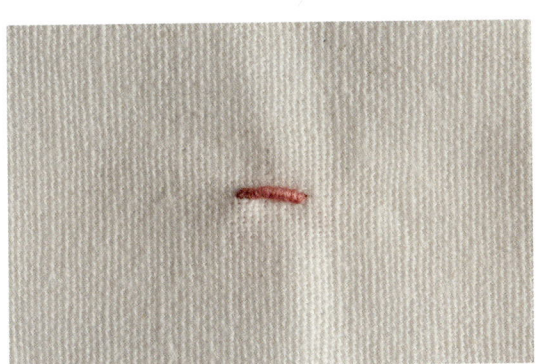

9 뒷면에서 실을 당겨 블리온 스티치를 완성합니다.

×× 체인 스티치 ××

1 원하는 위치로 바늘을 빼 올립니다.

2 과정1에서 뺀 실 바로 옆으로 바늘을 넣은 후, 원하는 땀 길이를 잡고 바늘을 다시 뺍니다.

3 원모양이 되도록 실을 당겨주는데, 만들어진 원이 과정2에서 뺀 실 밑으로 가도록 위치를 잡아 실을 당깁니다.

4 실을 끝까지 당겨 꽃잎 모양이 되도록 잡습니다.

5 과정4에서 당긴 실 바로 옆으로 바늘을 넣습니다.

6 과정2에서 잡은 땀 길이만큼 땀을 잡은 후, 위로 바늘을 뺍니다.

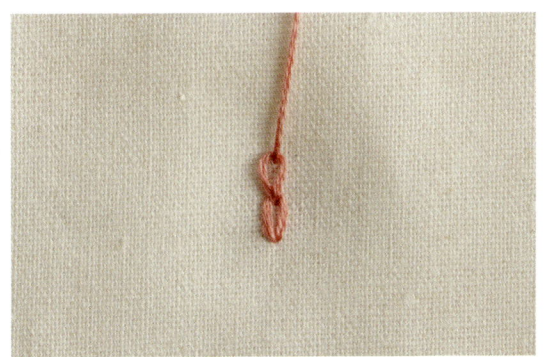

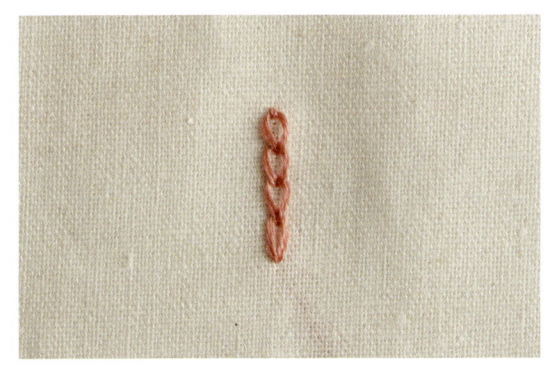

7 실을 끝까지 당겨 체인 스티치를 완성합니다.

8 체인 스티치가 필요한 도안이나 원하는 모양에 따라 과정을 반복한 후, 레이지 데이지 스티치와 같은 방법으로 마무리하여 완성합니다.
참고 레이지 데이지 스티치(p.84)

×× 로제트 체인 스티치 ××

1 원하는 위치로 바늘을 빼 올립니다.

2 한 땀 왼쪽에 바늘을 넣습니다. 과정1에서 실을 뺀 지점, 다시 바늘을 넣은 곳과 역삼각형 모양이 되도록 위치를 잡아 바늘을 다시 뺍니다.

3 원모양이 되도록 실을 당겨주는데, 만들어진 원이 과정2에서 뺀 실 밑으로 가도록 위치를 잡아 실을 당깁니다.

4 실을 천천히 당기며 고리 모양이 되도록 잡습니다.

5 고리의 오른쪽 윗부분으로 바늘을 통과시킵니다.

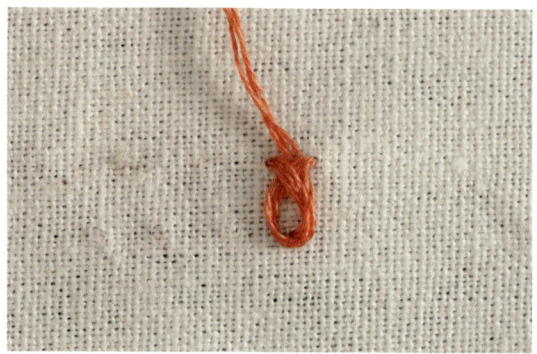

6 실을 천천히 당겨, 실이 과정4에서 완성한 고리 오른쪽 선과 겹치도록 모양을 잡습니다.

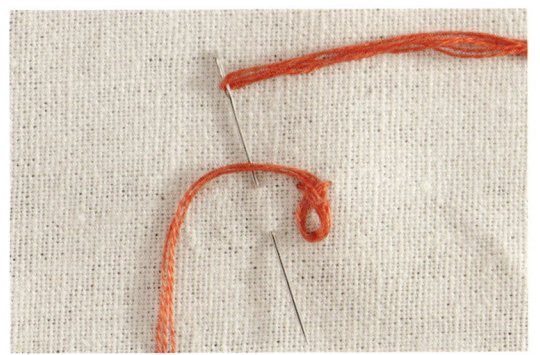

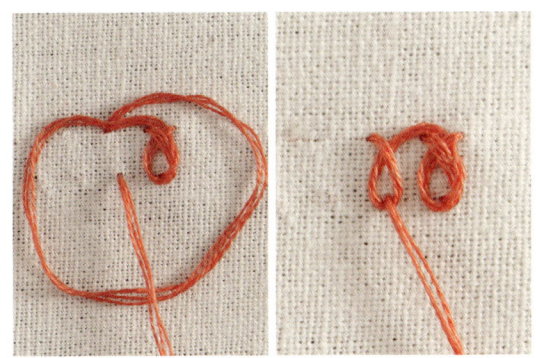

7   다음 스티치를 이어갈 때도, 같은 방법으로 진행합니다. 과정2에서 바늘을 넣었던 지점에서 한 땀 왼쪽에 바늘을 넣고, 역삼각형 모양이 되도록 위치를 잡아 바늘을 다시 뺍니다.

8   실을 천천히 당기며 고리 모양이 되도록 잡습니다.

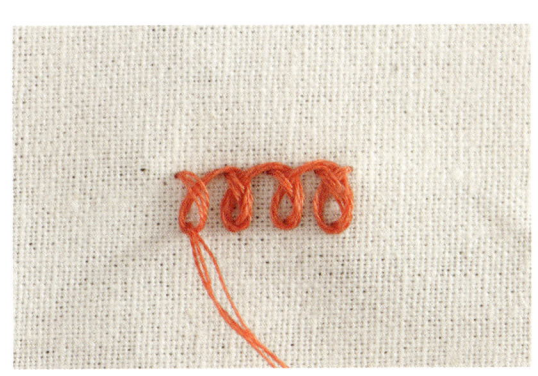

9   로제트 체인 스티치가 필요한 도안이나 원하는 모양에 따라, 앞 과정을 반복합니다.

10   마무리하는 방법입니다. 마지막 고리 오른쪽 윗부분으로 바늘을 통과한 후, 통과한 실이 마지막 완성한 고리 오른쪽 선과 겹치도록 모양을 잡습니다.

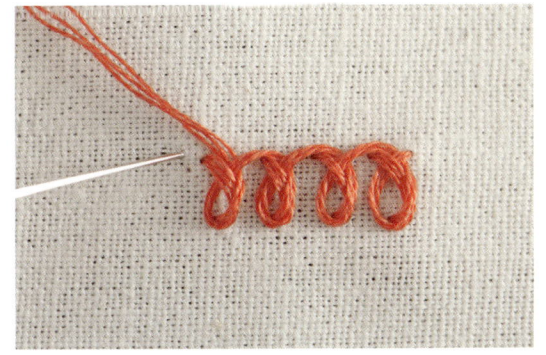

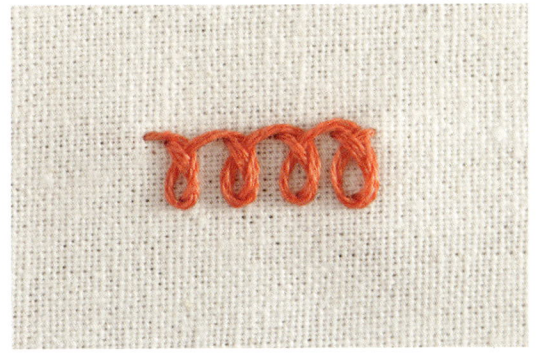

11   마지막으로 만든 고리 선과 연결되도록 왼쪽 윗부분에 바늘을 넣습니다.

12   뒷면에서 실을 당겨 완성합니다.

×× 롱 앤드 쇼트 스티치 ××

1 사진과 같은 모양으로 가이드 선을 그립니다.

TIP 스티치로 채우고자 하는 면적을 등분하여 선을 그리는 것으로, 여기서는 직사각형의 도안을 4등분하여 스티치를 진행합니다. 등분은 스티치 땀 길이와 면적의 크기, 그러데이션에 쓰일 실 색 수 등을 고려하여 정합니다.

2 왼쪽 모서리로 바늘을 빼 올립니다.

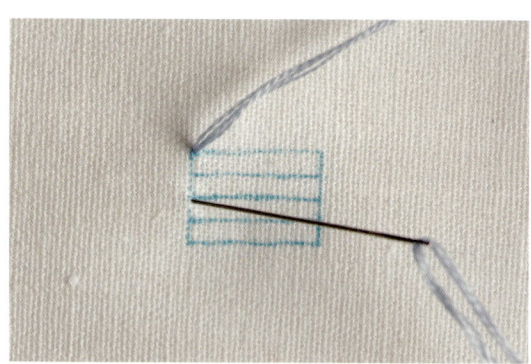

3 실을 뺀 지점에서 일직선이 되도록, 과정1에서 그린 등분선 2칸만큼의 길이를 띄고 바늘을 넣습니다.

4 뒷면에서 실을 당겨 롱(long : 등분선의 2칸 길이) 스티치를 완성합니다.

5 과정4에서 완성한 롱 스티치 바로 옆, 가장 윗선에서 바늘을 빼 올립니다.

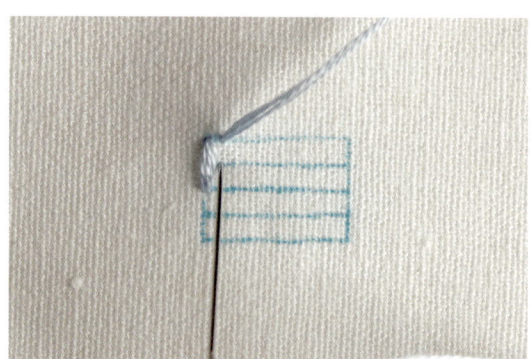

6 실을 뺀 지점에서 일직선이 되도록 바늘을 통과하는데, 이번에는 등분선 1칸의 길이를 띄고 바늘을 넣습니다.

7 뒷면에서 실을 당겨 쇼트(short : 등분선의 1칸 길
이) 스티치를 완성합니다.

8 과정2~7을 반복하여 롱 스티치와 쇼트 스티치를 번
갈아가며 첫 줄의 면적을 채웁니다.

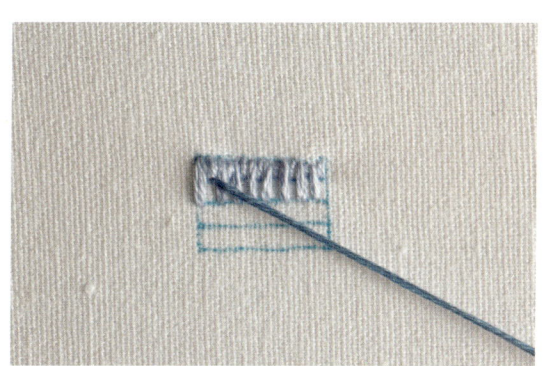

9 다음 스티치를 이어갈 때는, 과정7의 첫 쇼트 스티
치가 끝난 지점에서 시작합니다. 쇼트 스티치 끝에
서 실을 빼 올립니다.

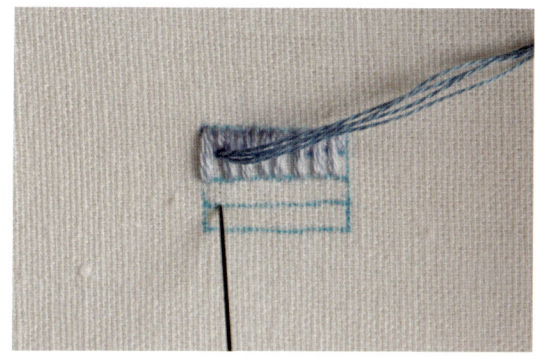

10 실을 뺀 지점에서 일직선이 되도록, 등분선 2칸
의 길이를 띄고 바늘을 넣습니다.

11 뒷면에서 실을 당겨 롱 스티치를 완성합니다.

12 과정9~11과 같은 방법으로, 첫줄에서 완성한 쇼
트 스티치가 끝난 지점을 시작으로 둘째 줄에 롱
스티치를 완성합니다.

13 세 번째 줄은 과정12에서 완성한 롱 스티치 사이의 빈 곳을 채워가며 롱 스티치를 놓습니다.

14 첫 줄에서 완성한 롱 스티치가 끝난 지점을 시작으로 등분선 2칸의 길이로 롱 스티치를 놓습니다.

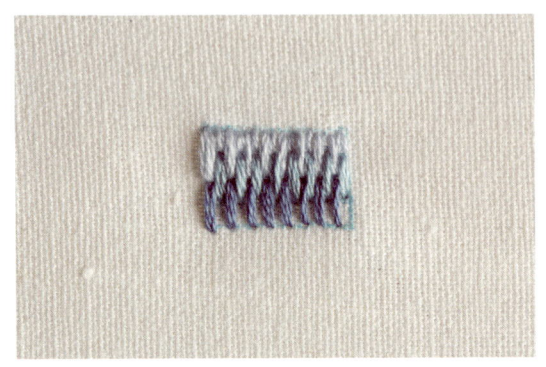

15 같은 방법으로 세 번째 줄 전체에 롱 스티치를 완성합니다.

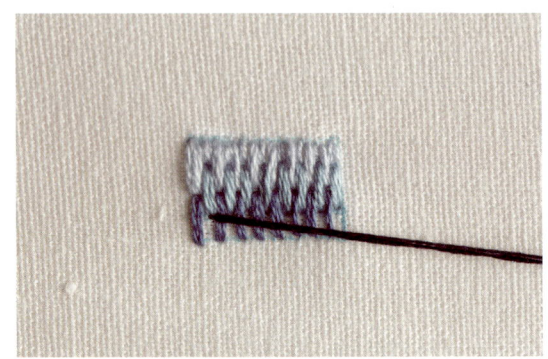

16 마지막 줄은 과정15에서 완성한 롱 스티치 사이의 빈 곳을 쇼트 스티치로 채우며 진행합니다. 세 번째 줄에서 완성한 롱 스티치가 끝난 각 지점을 시작으로 바늘을 빼 올립니다.

17 과정16에서 실을 뺀 지점에서 일직선이 되도록, 바늘을 넣어 쇼트 스티치를 완성합니다.

18 과정 16~17을 반복하여 마지막 줄을 쇼트 스티치로 채워서 완성합니다.

×× 프리 스티치 ××

1 스티치로 채울 면을 가이드 선 형태로 그립니다.

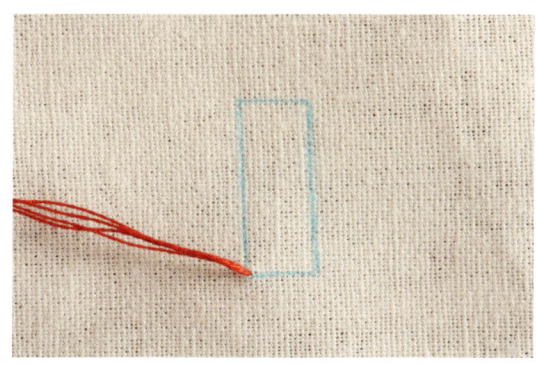

2 한쪽 모서리(채울 면의 한쪽 끝)로 바늘을 빼 올립니다.

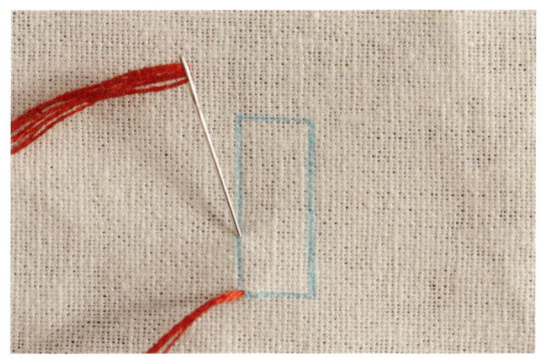

3 실을 뺀 지점에서 일직선이 되도록, 자유로운 땀 길이로 바늘을 넣습니다.

TIP 프리 스티치는 자유로운 방식의 스티치로, 정해진 땀 길이 없이 자유롭게 진행합니다.

4 뒷면에서 실을 당겨 첫 스티치를 완성합니다.

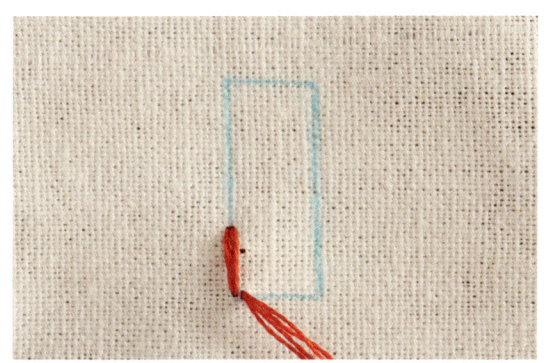

5 과정4에서 완성한 스티치 바로 옆에서 바늘을 빼 올립니다.

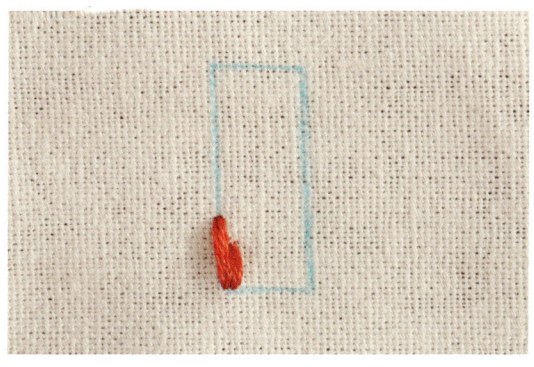

6 실을 뺀 지점에서 일직선이 되도록, 자유로운 땀 길이로 바늘을 통과시킵니다.

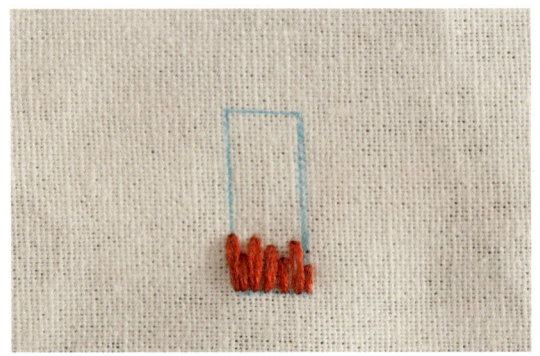

7 과정5~6을 반복하여 자유로운 땀 길이로 첫 줄의 스티치를 듬성듬성 놓습니다.

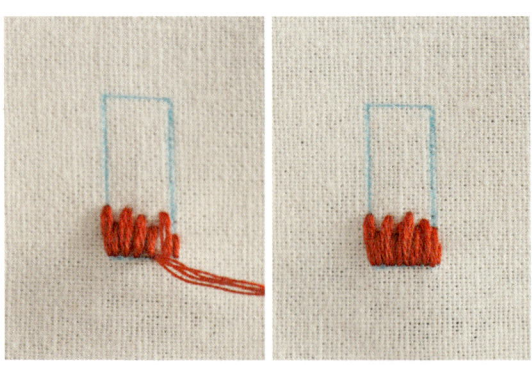

8 빈 곳에 추가로 스티치를 넣어 첫 줄의 면적을 채웁니다.

9 다음 줄의 스티치를 이어갈 때도 정해진 순서 없이, 자유로운 곳에서 시작합니다.

TIP 설명의 이해를 높이기 위해 서로 다른 색 실을 사용하였습니다.

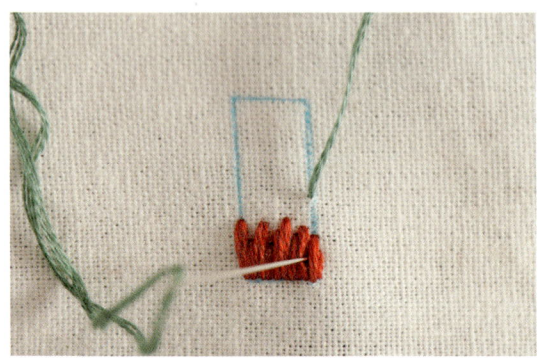

10 실을 뺀 지점에서 일직선이 되도록 바늘을 넣는데, 첫줄에서 완성한 스티치의 땀과 땀의 사이로 파고들 듯이 넣습니다.

11 뒷면에서 당겨 두 번째 줄의 첫 스티치를 완성합니다.

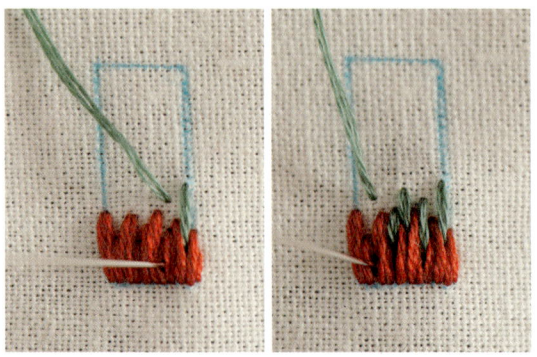

12 과정7과 같은 방법으로 듬성듬성 두 번째 줄을 채우는데, 첫 줄의 땀과 땀 사이에 바늘을 넣는 것이 이 스티치의 포인트입니다.

13 자유로운 순서와 땀 길이로 프리 스티치를 반복하여 면적을 채웁니다.

14 빈 곳을 추가로 꼼꼼하게 메꾸어 프리 스티치를 완성합니다.

×× 실론 스티치 ××

1 사진과 같은 모양으로 가이드 선을 그립니다.

TIP 스티치로 채우고자 하는 면적에 가이드 선을 그리는 것으로, 여기서는 두 줄의 실론 스티치를 만들기 위해 세 줄의 선을 그려 진행합니다. 원하는 실론 스티치 줄 수에 한 줄을 더한 개수의 선을 그려서 진행합니다.

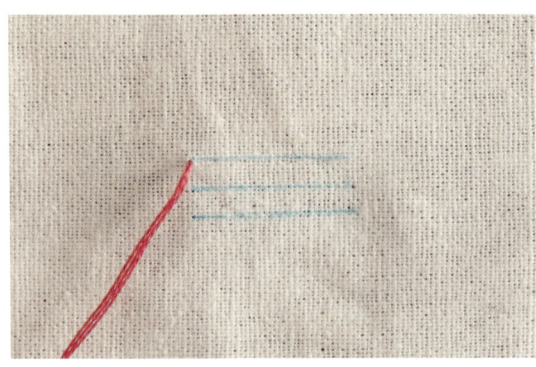

2 가이드 선의 첫 줄 왼쪽 끝으로 바늘을 빼 올립니다.

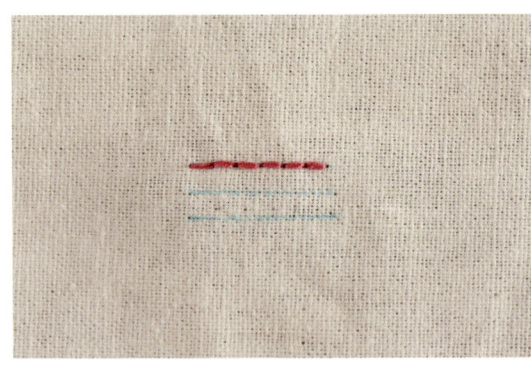

3 실을 뺀 지점을 시작으로, 첫 줄을 백 스티치로 수놓습니다.

참고 백 스티치(p.79)

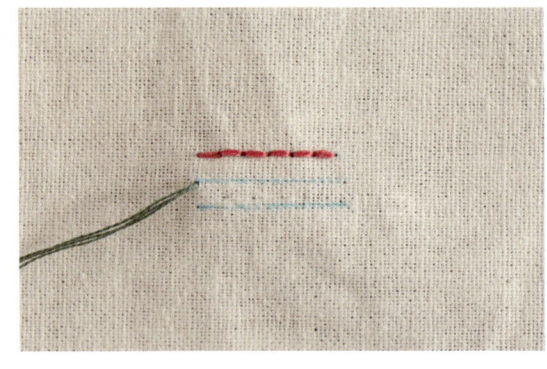

4 가이드 선의 두 번째 줄 왼쪽 끝으로 바늘을 빼 올립니다.

TIP 설명의 이해를 높이기 위해 서로 다른 색 실을 사용하였습니다.

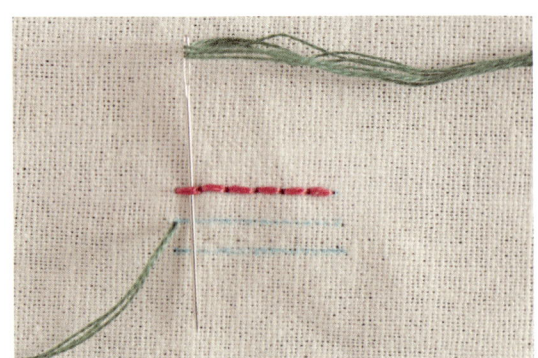

5 과정3에서 완성한 백 스티치 중 첫 땀으로 바늘을 통과합니다. 이때, 바늘의 방향은 위에서 아래로 꽂습니다.

6 스티치를 통과한 실이 가장 위에 오도록 두고, 실을 끝까지 당겨 고리 모양으로 잡아줍니다.

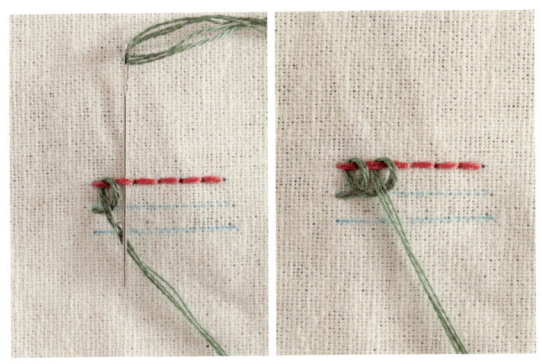

7 과정5~6과 같은 방법으로 백 스티치의 두 번째 땀에 바늘을 통과시켜 고리를 만듭니다.

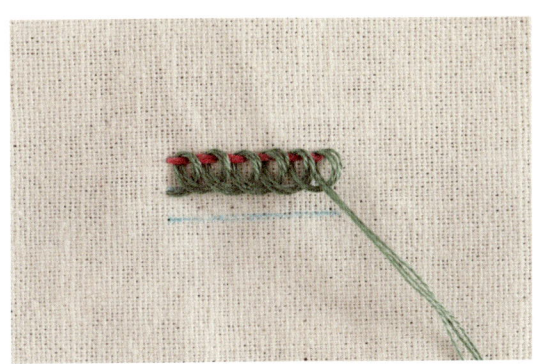

8 과정7을 반복하여, 첫 줄에 완성한 백 스티치 모두에 고리를 만들어줍니다.

9 두 번째 가이드 선 오른쪽 끝으로 바늘을 넣습니다.

10 뒷면에서 실을 당겨 한 줄의 실론 스티치를 완성합니다.

11 백 스티치가 아닌 실론 스티치의 고리를 사용해 다음 스티치를 이어갈 때도 방식은 같습니다. 가이드 선의 세 번째 줄 왼쪽 끝으로 바늘을 빼 올립니다.

12 과정6에서 완성한 첫 고리 밑으로 바늘을 통과시킵니다. 이때, 바늘의 방향은 오른쪽에서 왼쪽으로 꽂습니다.

13 실을 살살 당겨 반원 모양이 되도록 잡아줍니다.

14 당긴 실 끝을 그대로 오른쪽으로 넘기면 고리 모양이 완성됩니다.

15 과정12~14와 같은 방법으로 두 번째 고리를 완성합니다.

16 두 번째 실론 스티치를 모두 완성한 후, 과정 9~10과 마찬가지로 세 번째 가이드 선 오른쪽 끝으로 바늘을 넣어 마무리합니다.

17 스티치를 마무리하는 방법입니다.
세 번째 가이드 선 위로 바늘을 빼 올리는데, 앞서 완성한 실론 스티치 고리 중 첫 번째와 두 번째 고리 사이로 빼 올립니다.

18 고리 사이의 실을 감싸듯 잡고, 과정17에서 실을 뺀 지점에 다시 바늘을 넣습니다.

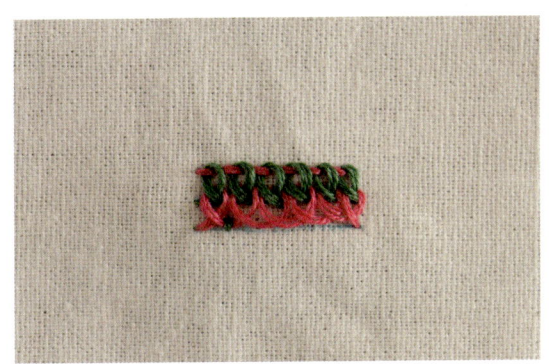 

19 뒷면에서 실을 끝까지 당겨, 고리가 공중으로 뜨지 않게 잡습니다.

20 과정17~19와 같은 방법으로 모든 고리를 잡아서 실론 스티치를 완성합니다.

×× 스파이더 웹 로즈 스티치 ××

1 사진과 같은 모양으로 가이드 선을 그립니다.

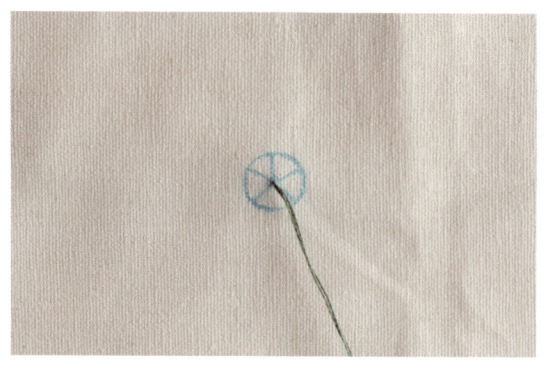

2 가이드 원 중앙으로 바늘을 빼 올립니다.

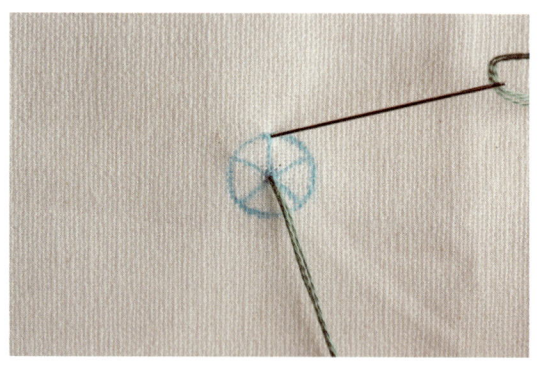

3 직선 가이드 선 중 한 선의 끝에 바늘을 넣습니다.

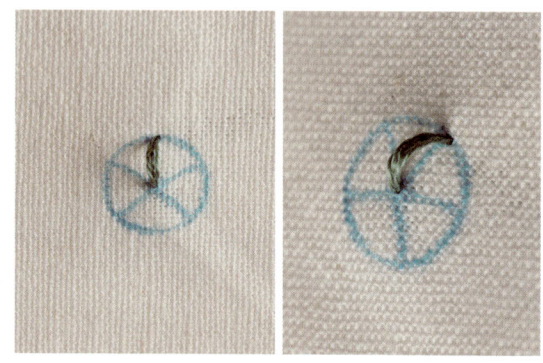

4 뒷면에서 실을 당깁니다. 이때, 실을 끝까지 당기지 않고 원단에서 살짝 띄워 아치 형태로 만듭니다.

5 과정3~4와 같은 방법으로 5개의 기둥을 세웁니다.

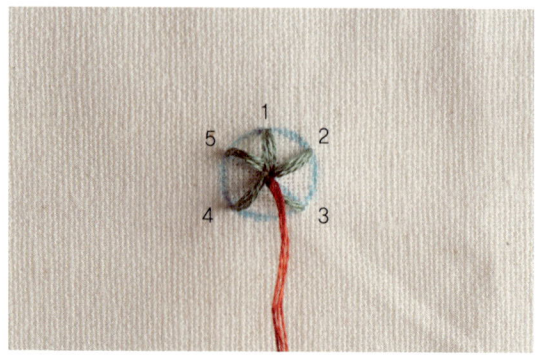

6 꽃잎이 될 실을 가이드 원 중앙으로 빼 올립니다.

TIP 설명의 이해를 높이기 위해 기둥에 번호를 사진처럼 정합니다.

7   2번 기둥 밑으로 바늘을 넣어, 실을 끝까지 당깁니다.

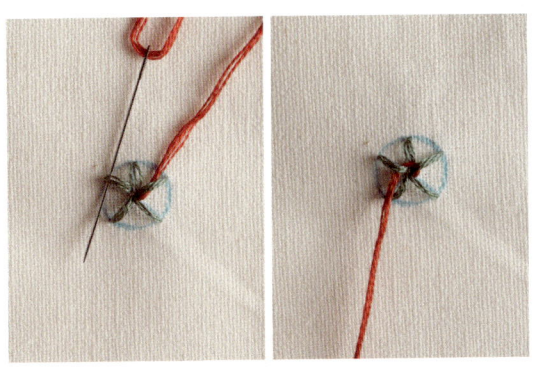

8   5번 기둥 밑으로 바늘을 넣어, 실을 끝까지 당깁니다.

9   3번 기둥 밑으로 바늘을 넣어 실을 당깁니다.

10   같은 방법으로 한 기둥 밑으로 바늘을 통과한 뒤, 바로 다음 기둥은 건너 뛰고 그다음 기둥에 다시 바늘을 통과시키는 과정을 반복합니다.

11   과정10과 같은 방법으로 기둥 끝까지 채워 실을 감은 후, 바깥쪽의 한 지점에 바늘을 비스듬하게 넣습니다.

12   뒷면에서 실을 당겨 스파이더 웹 로즈 스티치를 완성합니다.

×× 플랫 스티치 ××

1 사진과 같은 모양으로 가이드 선을 그립니다.

TIP 스티치로 채우고자 하는 도안의 가로 너비를 3등분하여, 세로로 두 줄의 선을 그립니다.

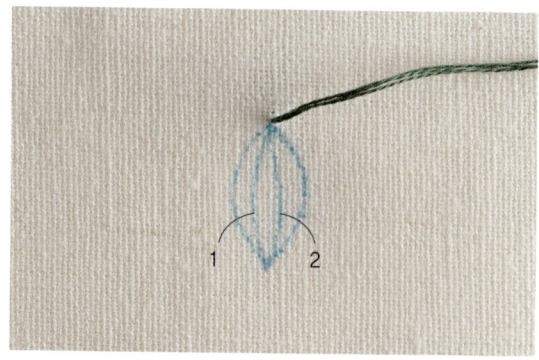

2 가이드 선의 가장 윗부분으로 바늘을 빼 올립니다.

TIP 설명의 이해를 높이기 위해 가이드 선에 번호를 사진처럼 정합니다.

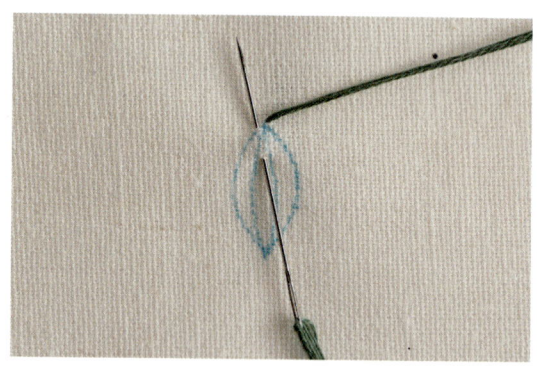

3 과정2에서 뺀 실을 기준점으로, 수직으로 한 땀 떨어진 곳에 바늘을 넣고, 기준점의 왼쪽 바로 옆으로 바늘을 빼 올립니다.

4 실을 끝까지 당겨 한 땀을 완성합니다.

5 이번에는 2번 선 위, 과정3에서 바늘을 넣었던 곳에서 살짝 밑 지점으로 바늘을 넣습니다. 과정2에서 뺀 실의 오른쪽 바로 옆으로 바늘을 다시 빼 올립니다.

6 실을 끝까지 당겨 앞서 만든 땀과 'X자' 모양이 되도록 잡아줍니다.

7 1번 선 위, 과정5에서 바늘을 넣었던 지점보다 살짝 밑 지점으로 바늘을 넣었다가, 과정3에서 바늘을 뺀 지점 왼쪽 옆으로 빼 올립니다.

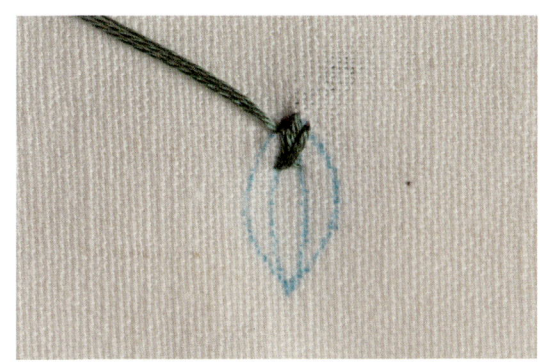

8 실을 끝까지 당겨 실이 교차되도록 모양을 잡아줍니다.

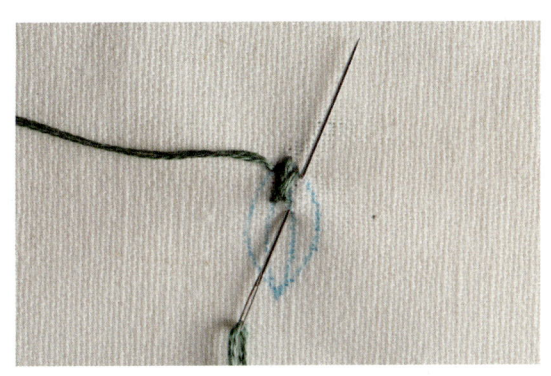

9 계속 같은 방법으로 스티치를 이어갑니다. 2번 선 위의 과정7에서 바늘을 넣었던 지점보다 살짝 밑으로 바늘을 넣었다가, 과정5에서 바늘을 뺀 지점 오른쪽 옆으로 빼 올립니다.

10 1번 선 위에서 바늘을 넣어 도안선 왼쪽으로 빼 올리고, 2번 선 위에서 바늘을 넣어, 도안선 오른쪽으로 빼 올리는 방식으로 한 번씩 교차하여 끝까지 수놓습니다.

11 가이드 선의 아래 꼭짓점으로 실을 통과하여 플랫 스티치를 완성합니다.

12 뒷면이 다음과 같이 표현되면 플랫 스티치를 바르게 진행한 것입니다.

×× 카우칭 스티치 ××

1 스티치를 놓을 곡선 도안을 준비합니다.

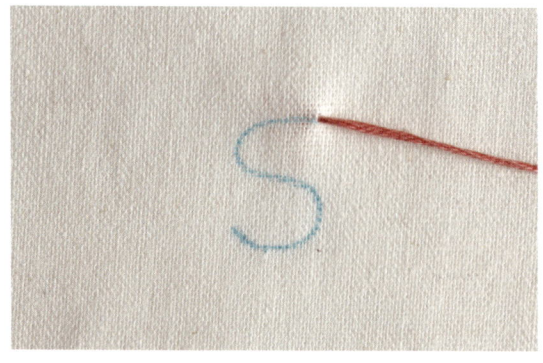

2 도안의 한쪽 끝으로 바늘을 빼 올립니다.
TIP 설명의 이해를 높이기 위해 이 바늘을 '1번 바늘'로 지칭합니다.

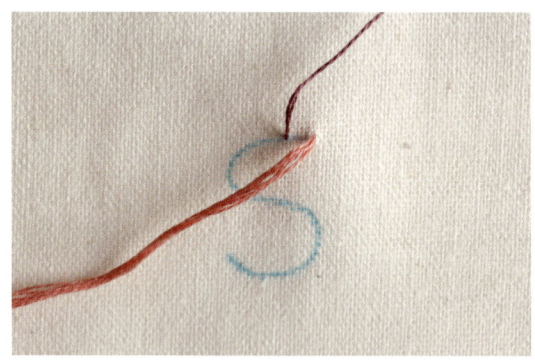

3 도안선 위로, 과정2에서 실을 뺀 지점에서 한 땀 정도 떨어진 곳에 또 하나의 바늘을 빼 올립니다.
TIP 설명의 이해를 높이기 위해 이 바늘을 '2번 바늘'로 지칭합니다.

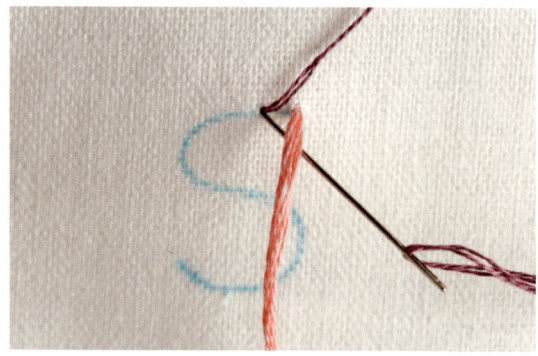

4 과정3에서 실을 뺀 지점으로 다시 2번 바늘을 넣습니다. 이때, 1번 바늘로 빼 올린 실을 감싸듯 사이에 넣어 줍니다.

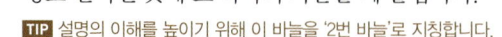

5 뒷면에서 실을 끝까지 당겨 한 땀을 완성합니다.

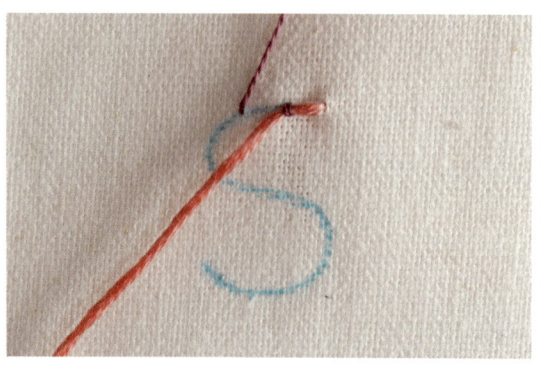

6 다음 스티치를 이어갈 때도 같은 방식으로 진행합니다. 도안선 위로 2번 바늘을 빼 올리는데, 과정 5에서 땀을 완성한 지점에서 한 땀 떨어진 곳에서 빼 올립니다.

7 2번 바늘을 과정6에서 실을 뺀 지점으로 다시 넣습니다. 이때, 1번 바늘의 실을 감싸서 진행합니다.

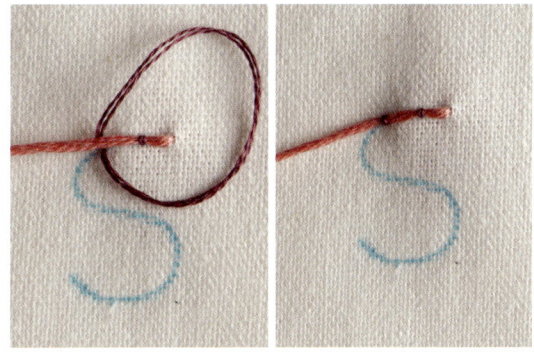

8 뒷면에서 실을 끝까지 당겨 두 번째 땀을 완성합니다.

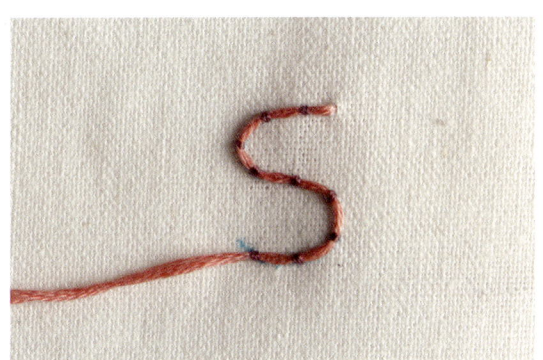

9 같은 방식으로 도안선 끝에서 한 땀 정도 남을 때까지 카우칭 스티치를 놓습니다. 2번 바늘의 실을 뒷면에서 매듭지어줍니다.

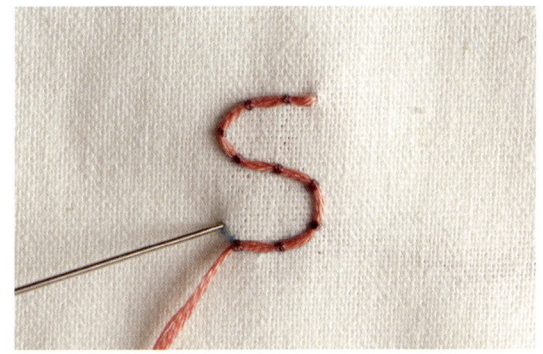

10 1번 바늘을 도안 끝 지점에 넣습니다.

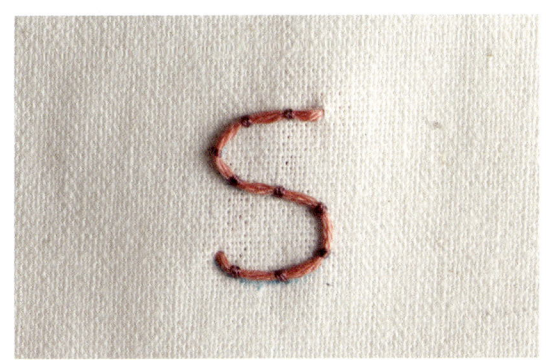

11 뒷면에서 실을 당겨 카우칭 스티치를 완성합니다.

HOW TO MAKE

1
서커스 브로치

난이도	★★☆☆☆
작품 사이즈	**광대** 2.5cm × 4cm │ **서커스 천막** 3.2cm × 3.2cm
준비물	**각 각** : 펠트지(6×6cm), 접착 펠트지(6×6cm), 브로치 핀(3.5cm), 본드
실물 크기 도안	A

자수 정보

사용한 스티치	새틴 스티치, 스트레이트 스티치, 스플릿 스티치, 프렌치 노트 스티치
사용한 실	**광대** 350, 434, 3770, 3799, w **서커스 천막** 350, 355, 3799, w

※ w=흰색을 뜻하는 영어 'white'의 약자로 DMC 25번사 BLANC과 같다

자수 가이드

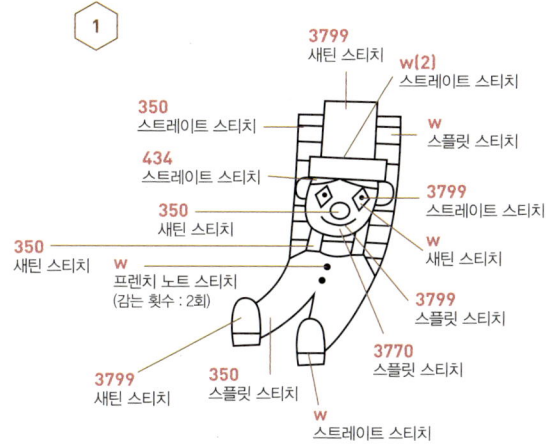

1

3799 새틴 스티치 · w(2) 스트레이트 스티치 · 350 스트레이트 스티치 · w 스플릿 스티치 · 434 스트레이트 스티치 · 3799 스트레이트 스티치 · 350 새틴 스티치 · w 새틴 스티치 · 350 새틴 스티치 · w 프렌치 노트 스티치 (감는 횟수 : 2회) · 3799 스플릿 스티치 · 3799 새틴 스티치 · 350 스플릿 스티치 · 3770 스플릿 스티치 · w 스트레이트 스티치

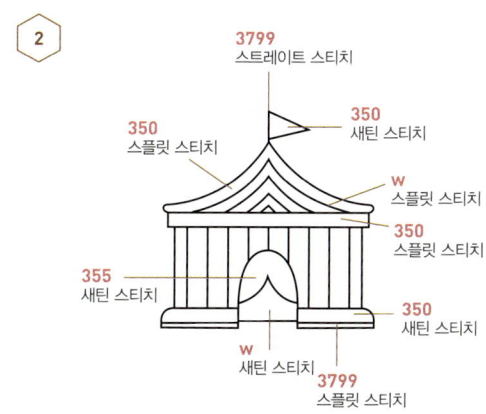

2

3799 스트레이트 스티치 · 350 스플릿 스티치 · 350 새틴 스티치 · w 스플릿 스티치 · 350 스플릿 스티치 · 355 새틴 스티치 · 350 새틴 스티치 · w 새틴 스티치 · 3799 스플릿 스티치

× 실 번호(실 가닥수)
스티치 방법
• 표시 외 실 가닥수는 3가닥입니다.

광대 수놓기

1 ---------------------

펠트지에 도안을 옮겨 그립니다.

2 ---

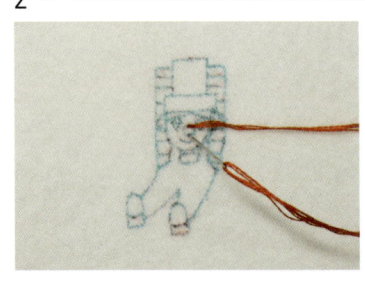

광대의 코를 새틴 스티치로 수놓습니다. 가운데 중심선을 먼저 놓고

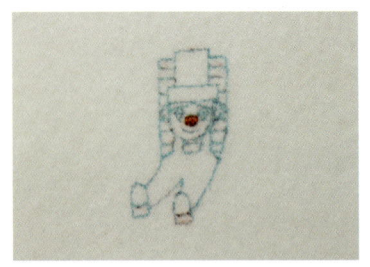

양 옆으로 퍼지듯 놓으면 더 예쁘게 모양 잡을 수 있습니다.

3 ---

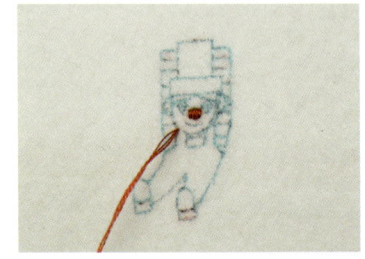

광대 바지의 멜빵 부분을 새틴 스티치로 수놓습니다.

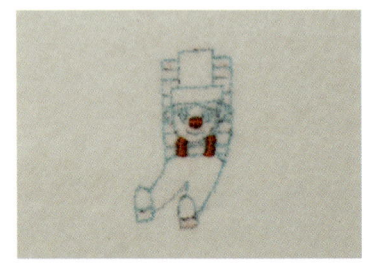

위에서 시작하여 아래로, 가로 방향으로 놓습니다.

4 ---------------------

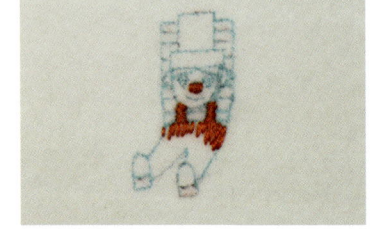

나머지 광대 바지 부분을 스플릿 스티치로 수놓습니다.

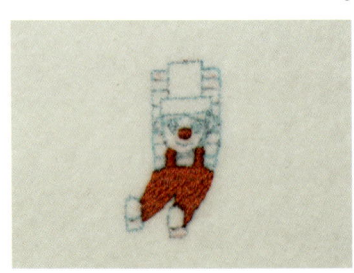

위에서 시작하여 아래로, 세로 방향으로 놓습니다.

5 ---

광대의 신발을 새틴 스티치로 수놓습니다.

아래에서 시작하여 위로, 가로 방향으로 놓습니다.

6

광대의 모자를 새틴 스티치로 수놓습니다. 가로 방향으로 놓습니다.

7

광대의 흰자위를 새틴 스티치로 수놓습니다.

가운데 중심선을 먼저 놓은 뒤, 세로 방향으로 놓습니다.

8

광대의 줄무늬 티셔츠 흰 바탕을 스플릿 스티치로 수놓습니다.

위에서 시작하여 아래로, 세로 방향으로 놓습니다.

9

광대의 얼굴을 스플릿 스티치로 수놓습니다.

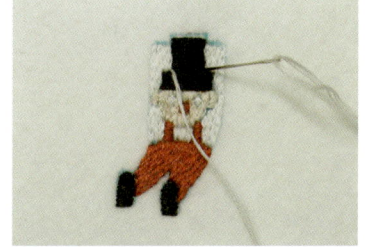

얼굴은 세로 방향으로, 귀는 가로 방향으로 놓습니다.

10

광대 모자의 리본을 스트레이트 스티치로 수놓습니다.

11 ---------------------------

과정10과 같은 방법으로 광대의 신발 밑창을 수놓습니다.

12 ---------------------------

광대의 바지 단추를 프렌치 노트 스티치로 수놓습니다.

13 ---------------------------

과정8에서 완성한 광대의 티셔츠 위에 수성펜으로 줄무늬 가이드 선을 그립니다.

14 ---------------------------

과정13에서 그린 선을 따라 스트레이트 스티치로 줄무늬를 수놓습니다.

15 ---------------------------

광대의 눈동자를 스트레이트 스티치로 수놓습니다.

16 ---------------------------

광대의 입을 스플릿 스티치로 수놓습니다.

17 ---------------------------

광대의 머리카락을 스트레이트 스티치로 수놓습니다.

18 ---------------------------

실을 정리하여 완성합니다.

서커스 브로치 만들기

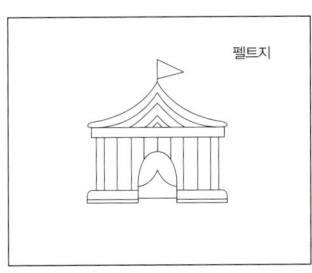

1 펠트지에 서커스 자수를 완성합니다.

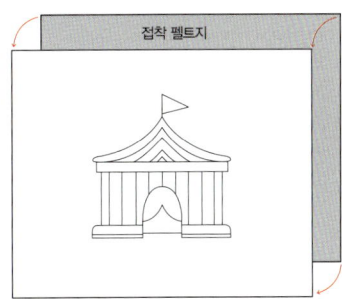

2 수를 놓은 펠트지 뒷면에 접착 펠트지를 붙입니다. 자수의 뒷면이 접착 부분과 맞닿게 붙입니다.

> **TIP** 완성된 자수 바깥으로 위아래 좌우 각 1.5cm 이상의 여유가 있게 접착 펠트지를 붙여주세요.

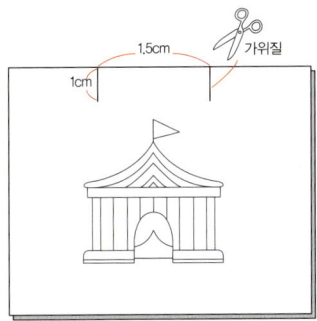

3 자수의 윗부분에 너비 1.5cm, 높이 1cm 정도의 가위집을 내어 브로치 핀을 끼울 고리를 만듭니다.

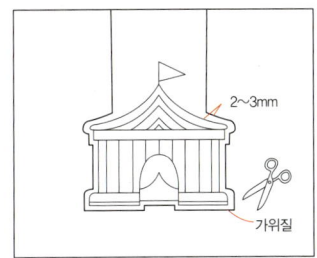

4 나머지 완성된 자수의 바깥으로 2~3mm의 여분을 남기고, 펠트지와 접착 펠트지를 한꺼번에 잘라냅니다.

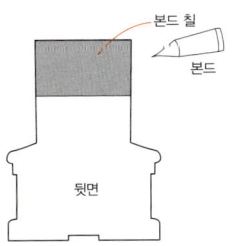

5 과정3에서 만든 고리의 뒷면에 본드를 바릅니다.

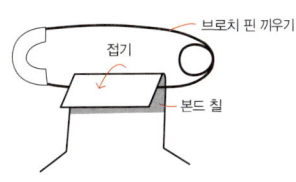

6 고리 사이에 브로치 핀을 끼운 뒤, 고리를 반으로 접어 붙여 완성합니다.

> **TIP** 고리의 너비와 길이를 잘 조절해서 만들어주세요. 고리를 너무 작게 만들면 핀이 들어가지 않거나 본드를 붙일 여유 공간이 없어 쉽게 떨어져요.

② 생일 축하해요 브로치

난이도	★★☆☆☆
작품 사이즈	3cm × 3cm
준비물	**동물 각** : 펠트지(6 × 6cm), 접착 펠트지(6 × 6cm), 브로치 핀(2cm), 본드
실물 크기 도안	A

자수 정보

사용한 스티치 새틴 스티치, 스트레이트 스티치, 스플릿 스티치, 아웃라인 스티치, 프렌치 노트 스티치

사용한 실

토끼	310, 472, 535, 794, 3713, w
뱀	310, 353, 520, 522, 900
호랑이	210, 310, 350, 435, 437, w
말	300, 301, 310, 472, 3760, 3856
닭	310, 350, 355, 598, 3033, 3733, w
용	310, 320, 369, 500, 3747, 3834
개	310, 350, 353, 543, 840, 3864
원숭이	310, 505, 779, 922, 948
소	310, 402, 535, 648, 819, 913, w
쥐	310, 648, 743, 844, 3746, w
돼지	310, 353, 743, 948, 3755
양	310, 352, 554, 745, 822, 3866, w

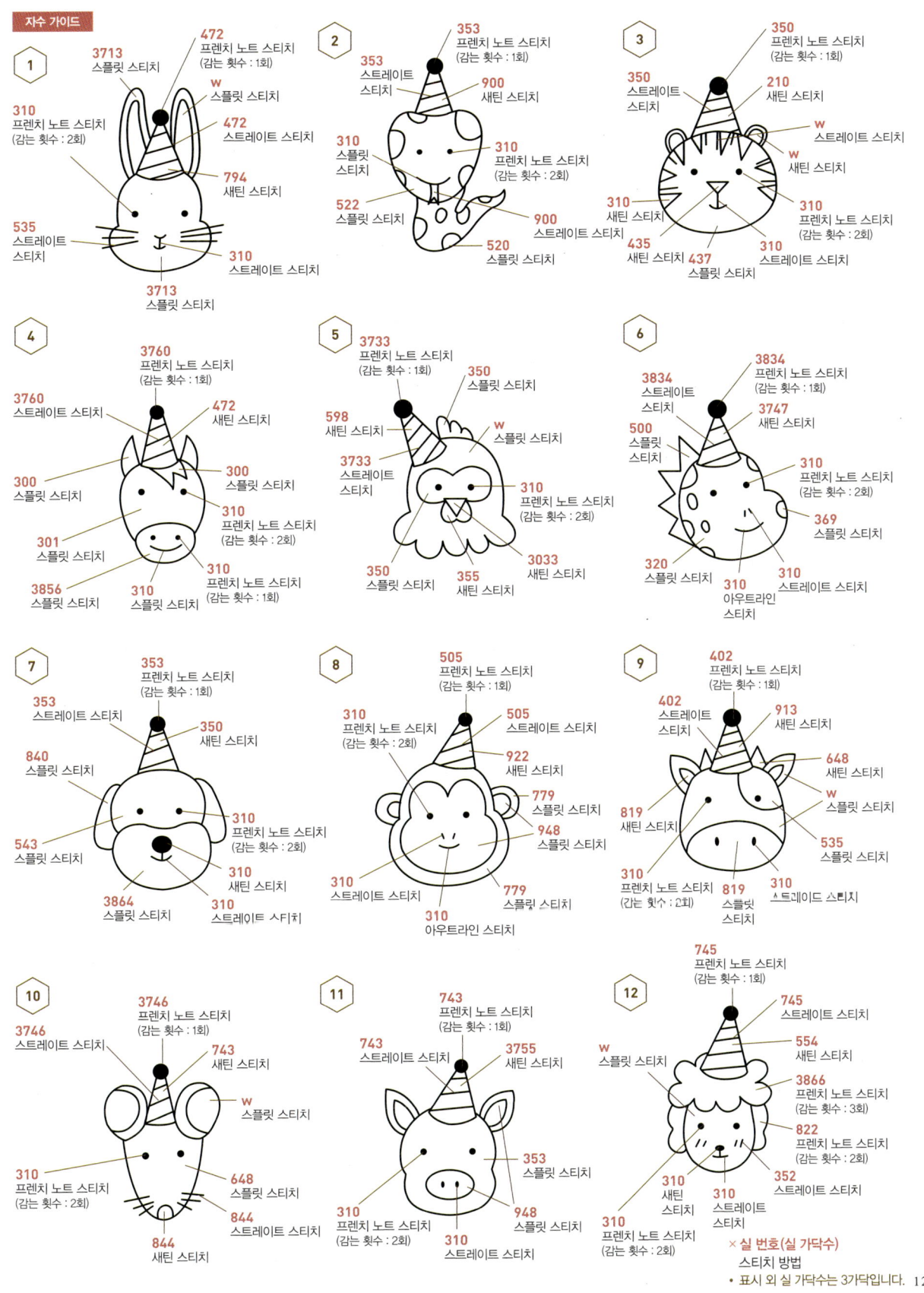

원숭이 수놓기

1

펠트지에 도안을 옮겨 그립니다.

2

원숭이의 얼굴을 스플릿 스티치로 수놓습니다.

원숭이 얼굴의 한 가운데에서 시작하여

얼굴 라인을 따라 스플릿 스티치를 둘러줍니다.

3

과정2에서 완성한 스플릿 스티치 안쪽에서 시작하여,

다시 스플릿 스티치로 한 바퀴를 새깁니다.

4

과정2~3과 같은 방법으로 원을 그리듯 얼굴을 채워가며,

얼굴 안쪽까지 꼼꼼히 수놓습니다.

5

원숭이 얼굴 바깥쪽 털 부분도 스플릿 스티치로 수놓습니다.

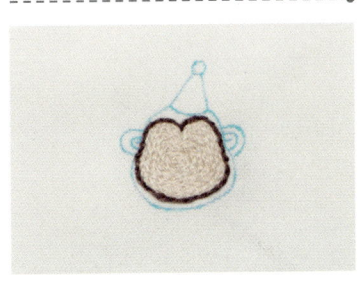

한 가운데서 시작하여 과정4에서 완성한 얼굴 수를 따라 한 바퀴 둘러 수를 놓습니다.

6

과정5와 같은 방법으로 원숭이 털을 모두 스플릿 스티치로 수놓습니다. 도안의 바깥 라인을 따라 스플릿 스티치를 놓은 후

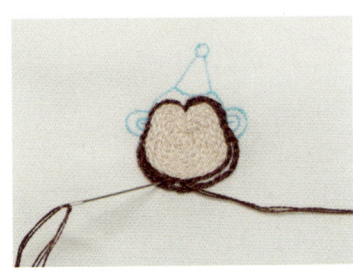

안쪽의 여백을 채우는 방식으로 진행하면 더 예쁜 모양을 완성할 수 있습니다.

빈 곳을 채워가며 꼼꼼하게 수놓습니다.

7

원숭이 귀를 스플릿 스티치로 수놓습니다.

양쪽 귓바퀴를 따라 스플릿 스티치를 놓습니다.

8

원숭이의 귀 안쪽을 스플릿 스티치로 채워줍니다.

9

고깔 테두리를 백 스티치로 수놓습니다.

125

10 --------------------------------

고깔 안쪽 면을 새틴 스티치로 채워줍니다.

과정9에서 완성한 백 스티치를 덮는 방식으로 새틴 스티치를 놓습니다.

아래에서 위 방향으로 진행합니다.

11 ------------------------

고깔의 끝 방울을 프렌치 노트 스티치로 수놓습니다.

12 ------------------------

과정10에서 완성한 고깔 위에 수성펜으로 줄무늬 가이드 선을 그려줍니다.

13 ------------------------

과정12에서 그린 선을 따라 스트레이트 스티치로 줄무늬를 수놓습니다.

14 ------------------------

과정4에서 완성한 얼굴 위에 수성펜으로 눈과 코, 입 모양 가이드 선을 그려줍니다.

15 ------------------------

원숭이의 눈을 프렌치 노트 스티치로, 코를 스트레이트 스치티로 수놓습니다.

16 ------------------------

원숭이의 입을 아우트라인 스티치로 수놓습니다.

17 ------------------------

실을 정리하여 완성합니다.

생일 축하해요 브로치 만들기

펠트지

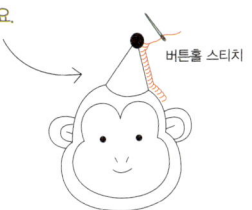

버튼홀 스티치

1 펠트지에 동물 모양 자수를 완성합니다.

TIP 완성된 자수를 따라 버튼홀 스티치를 둘러주면 더 튼튼하게 브로치를 완성할 수 있어요.

접착 펠트지

2 수를 놓은 펠트지 뒷면에 접착 펠트지를 붙입니다. 자수의 뒷면이 접착 부분과 맞닿게 붙입니다.

TIP 완성된 자수 바깥으로 위아래 좌우 각 1.5cm 이상의 여유가 있게 접착 펠트지를 붙여주세요.

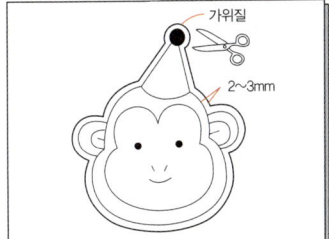

가위질

2~3mm

3 완성된 자수의 바깥으로 2~3mm의 여분을 남기고, 펠트지와 접착 펠트지를 한꺼번에 잘라냅니다.

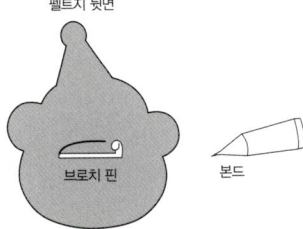

펠트지 뒷면

브로치 핀

본드

4 펠트지 뒷면에 브로치 핀을 본드로 붙여 완성합니다.

3
고슴도치 핀쿠션

난이도	★★★☆☆
작품 사이즈	7cm × 10cm
준비물	리넨 원단(10 × 13cm) 2장, 솜
실물 크기 도안	A

자수 정보

사용한 스티치	레이지 데이지 스티치, 새틴 스티치, 스플릿 스티치, 프리 스티치
사용한 실	951, 3064, 3371, 4140

자수 가이드

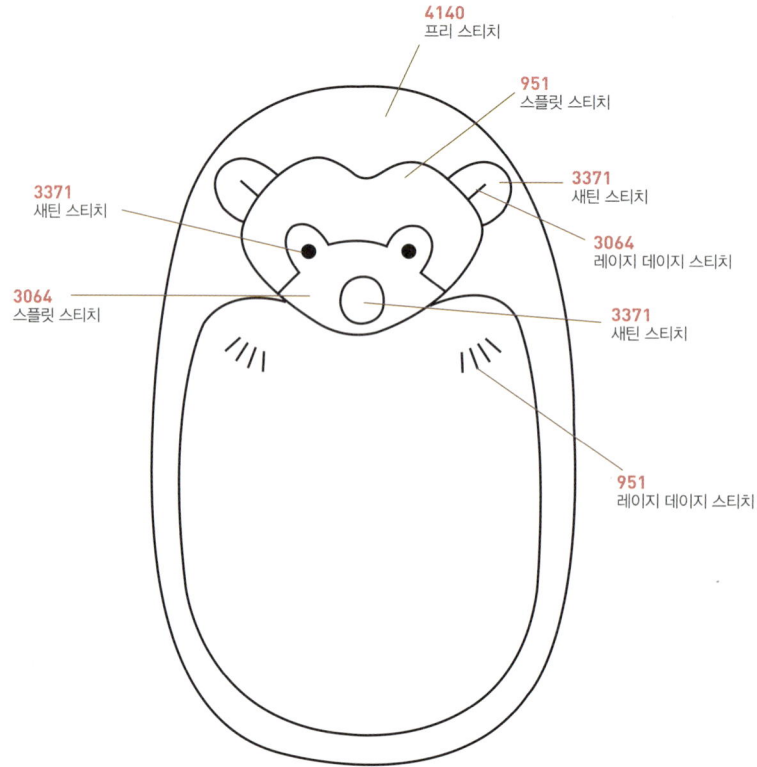

4140
프리 스티치

951
스플릿 스티치

3371
새틴 스티치

3371
새틴 스티치

3064
레이지 데이지 스티치

3064
스플릿 스티치

3371
새틴 스티치

951
레이지 데이지 스티치

× 실 번호(실 가닥수)
스티치 방법
• 표시 외 실 가닥수는 3가닥입니다.

고슴도치 수놓기

1

리넨 원단에 도안을 옮겨 그립니다.

2

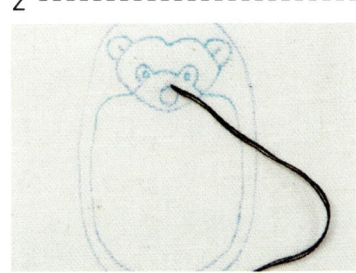 

고슴도치의 코 테두리를 백 스티치로 수놓습니다.

3

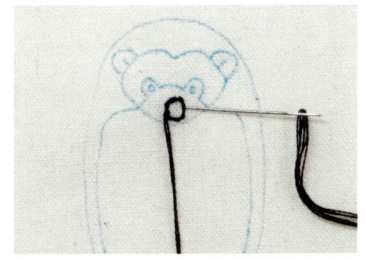 

고슴도치 코 안쪽 면을 새틴 스티치로 채워줍니다.

과정2에서 완성한 백 스티치를 덮는 방식으로 새틴 스티치를 놓습니다.

4

고슴도치 얼굴을 스플릿 스티치로 수놓습니다. 가운데 중심선을 먼저 놓고

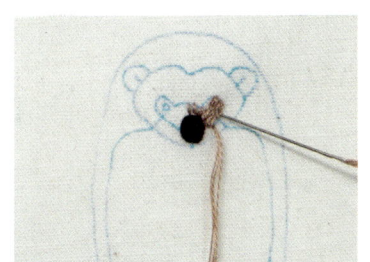 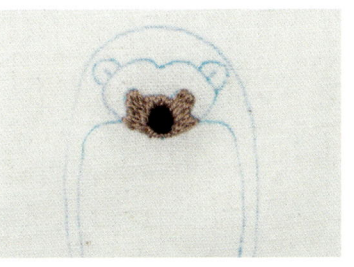

양 옆으로 결을 잡아 수를 놓으면 더 예쁘게 모양 잡을 수 있습니다.

5

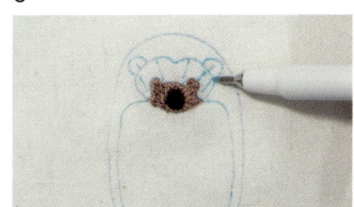

얼굴 바로 위 밝은 색 털 부분에 수성펜으로 부채꼴 형태의 가이드 선을 그립니다. 이 선이 털 방향이 되어 더 예쁘게 수놓을 수 있게 할 거예요.

6

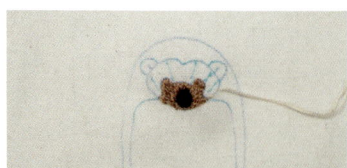
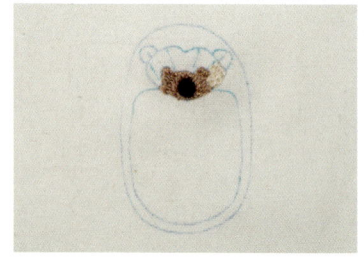
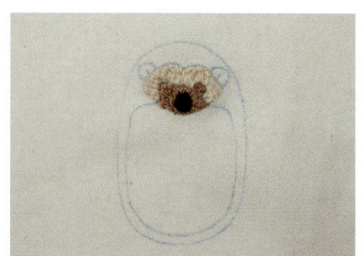

과정5에서 그린 선을 따라, 고슴도치의 밝은 색 털을 스플릿 스티치로 수놓습니다.

7

고슴도치의 귀를 새틴 스티치로 수놓습니다.

8

고슴도치의 눈을 새틴 스티치로 수놓습니다.

9

고슴도치의 귀 안쪽을 레이지 데이지 스티치로 수놓습니다.

10

고슴도치의 가시 털 부분을 프리 스티치로 수놓습니다. 가운데 중심선을 먼저 잡은 후, 시계 방향으로 수를 놓습니다.

가시 전체를 자유로운 땀 길이로 표현하여 생동감을 살려주세요.

11

고슴도치의 발을 레이지 데이지 스티치로 수놓습니다.

12

실을 정리하여 완성합니다.

고슴도치 핀쿠션 만들기

리넨 원단

① 리넨 원단에 고슴도치 자수를 완성한 후, 원단을 바로 놓습니다.

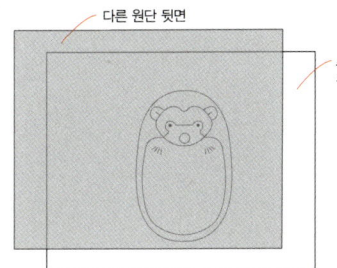

다른 원단 뒷면

수놓은 원단 앞면

② 그 위에 준비한 또 한 장의 원단을 포개어 올립니다.

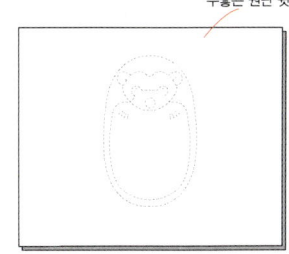

수놓은 원단 뒷면

③ 서로 포갠 원단을 뒤집어, 수를 놓은 뒷면이 밖으로 보이도록 놓습니다.

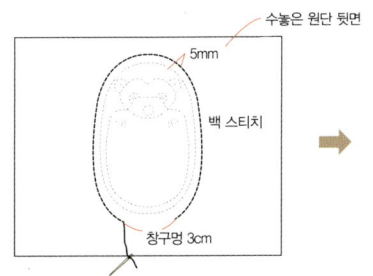

수놓은 원단 뒷면

5mm

백 스티치

창구멍 3cm

④ 완성된 자수의 바깥으로 5mm의 여유를 두고 백 스티치로 두 장의 원단을 서로 박음질합니다. 이때, 고슴도치의 배 아래쪽에 3cm 정도의 창구멍을 남겨주세요.

TIP 백 스티치를 원단의 색과 비슷한 색으로 진행하면 완성도를 높일 수 있어요.

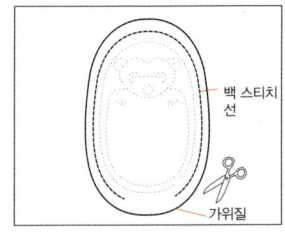

백 스티치 선

가위질

⑤ 백 스티치 선 바깥으로 1cm 정도의 여분을 남기고 원단을 잘라냅니다.
곡선 부분을 쭉 따라서 1cm 간격으로 가위집을 넣습니다.

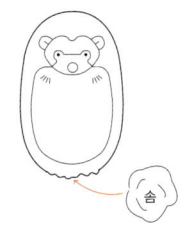

솜

⑥ 창구멍을 통해 뒤집은 후, 솜을 채워 모양을 잡아줍니다.

TIP 솜을 너무 많이 넣으면 완성 후에 고슴도치가 계속 굴러갈 수도 있어요. 핀을 꽂고 빼기도 힘들 수 있으니, 모양을 보며 적당히 넣어주세요.

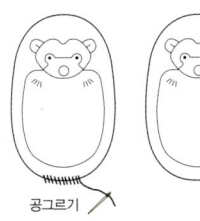

공그르기

⑦ 창구멍을 공그르기로 막아서 완성합니다.

선인장 핀쿠션

난이도	★☆☆☆☆
작품 사이즈	6cm × 15cm
준비물	리넨 원단(8 × 17cm) 2장, 미니 화분, 솜
실물 크기 도안	B

자수 정보	
사용한 스티치	레이지 데이지 스티치, 새틴 스티치, 스트레이트 스티치, 아우트라인 스티치, 프렌치 노트 스티치
사용한 실	92, w

자수 가이드

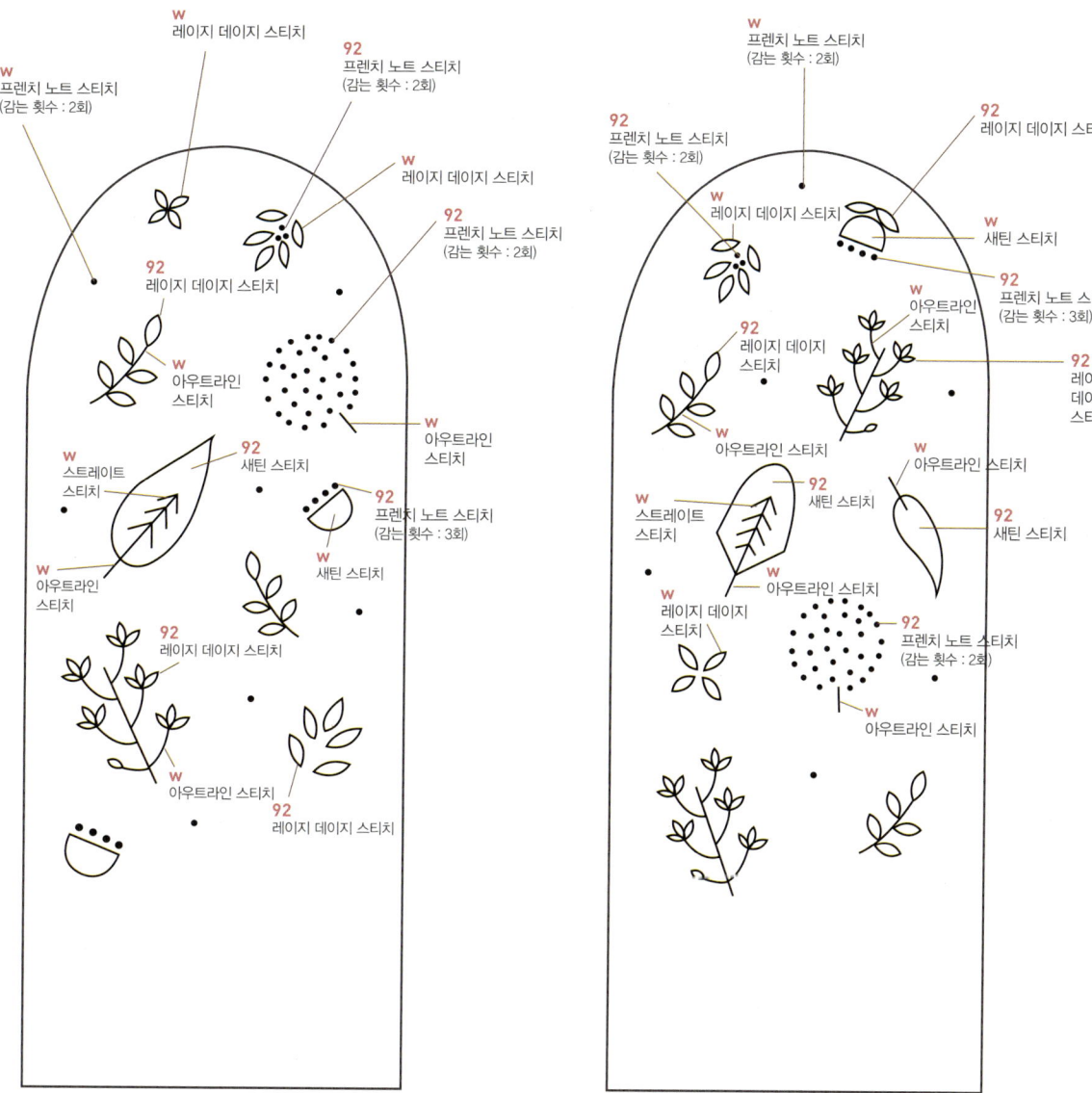

나뭇잎 수놓기

1

리넨 원단에 도안을 옮겨 그립니다.

2

나뭇잎 테두리를 백 스티치로 수놓습니다.

3

나뭇잎 안쪽 면을 새틴 스티치로 채워줍니다. 가운데 중심선을 잡은 후

과정2에서 완성한 백 스티치를 덮는 방식으로 새틴 스티치를 놓습니다.

오른쪽 잎을 나뭇잎 결을 살리듯 비스듬한 방향으로 수놓습니다.

4

왼쪽 나뭇잎도 새틴 스티치로 채워줍니다. 과정3과 마찬가지로, 가운데부터 시작하여

결을 살리듯 새틴 스티치를 놓습니다.

끝까지 꼼꼼하게 채워줍니다.

5

나뭇잎 줄기를 아웃라인 스티치로 수놓습니다.

아래에서 시작하여 위로 올라갑니다.

6

잎맥을 스트레이트 스티치로 수놓아 완성합니다.

선인장 핀쿠션 만들기

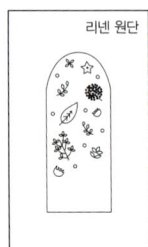
리넨 원단

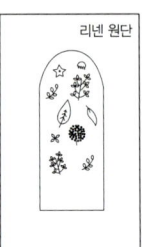
리넨 원단

1 두 장의 리넨 원단에 도안을 옮겨 그린 후, 가이드를 따라 자수를 완성합니다.

TIP 선인장 모양이 원단의 중앙에 오도록 위아래 좌우에 여백을 두고 수를 놓습니다.

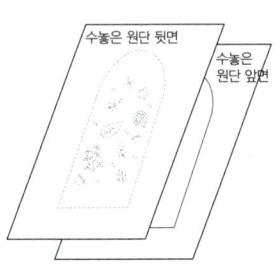
수놓은 원단 뒷면
수놓은 원단 앞면

2 두 장의 원단을 겉면(자수가 바로 보이는 면)이 맞닿도록 포개어 올립니다.

TIP 완성된 자수는 안쪽에 서로 맞닿고 있어 보이지 않으며, 수를 놓은 뒷면이 밖으로 보이도록 포개는 거예요.

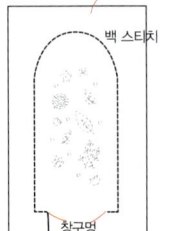
수놓은 원단 뒷면
백 스티치
창구멍

3 도안의 선인장 모양을 따라, 백 스티치로 두 장의 원단을 서로 박음질합니다. 이때, 선인장의 밑면은 창구멍으로 남겨주세요.

TIP 백 스티치를 원단의 색과 비슷한 색으로 진행하면 완성도를 높일 수 있어요.

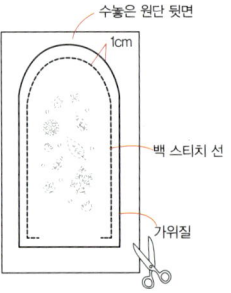
수놓은 원단 뒷면
1cm
백 스티치 선
가위질

4 백 스티치 선에서 바깥으로 1cm 정도의 여분을 남기고 원단을 잘라냅니다.

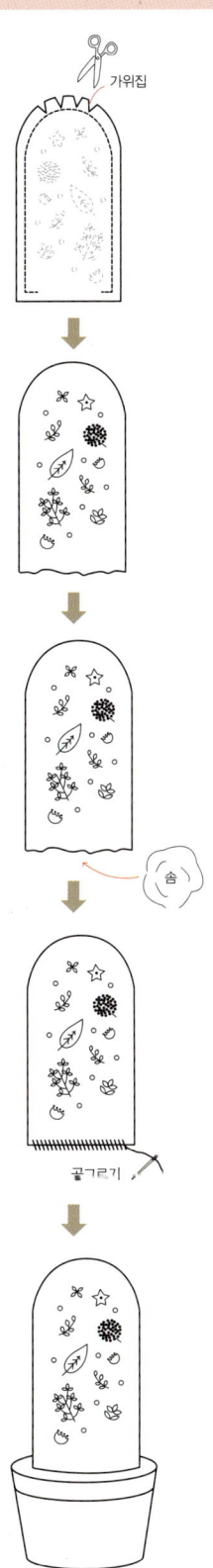

5 선인장 위쪽의 곡선 부분에 1cm 간격으로 가위집을 넣습니다.

6 창구멍을 통해 뒤집은 후, 송곳이나 펜을 이용해 선인장 위쪽 동그란 부분의 모양을 잡아줍니다.

7 솜을 채워 선인장의 부피감을 살려줍니다.
TIP 바늘이 빠지지 않고 고정될 수 있도록 충분한 솜을 넣어주세요.

8 창구멍을 공그르기로 막습니다.

9 미니 화분에 꽂아서 작품을 완성합니다.

⑤ 내가 지켜줄게요 티 코스터

난이도	★★☆☆☆
작품 사이즈	9.5cm × 9.5cm
준비물	리넨 원단(12 × 12cm) 2장
실물 크기 도안	C

자수 정보

사용한 스티치	블리온 스티치, 새틴 스티치, 스트레이트 스티치, 스플릿 스티치, 아우트라인 스티치, 프렌치 노트 스티치, 체인 스티치
사용한 실	310, 433, 950, 3750, w

자수 가이드

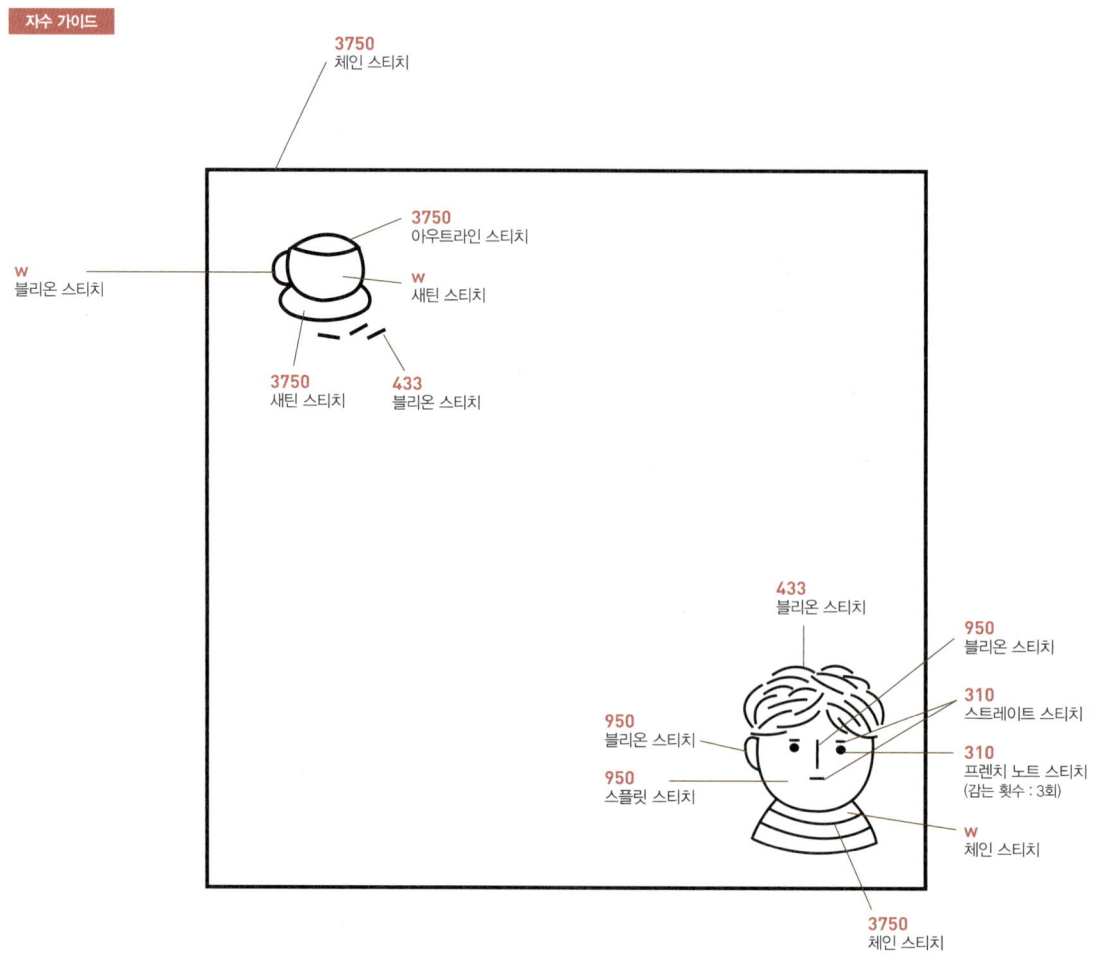

3750
체인 스티치

3750
아우트라인 스티치

w
블리온 스티치

w
새틴 스티치

3750
새틴 스티치

433
블리온 스티치

433
블리온 스티치

950
블리온 스티치

310
스트레이트 스티치

950
블리온 스티치

310
프렌치 노트 스티치
(감는 횟수 : 3회)

950
스플릿 스티치

w
체인 스티치

3750
체인 스티치

× 실 번호(실 가닥수)
스티치 방법
• 표시 외 실 가닥수는 3가닥입니다.

소년 수놓기

1

리넨 원단에 도안을 옮겨 그립니다.

2

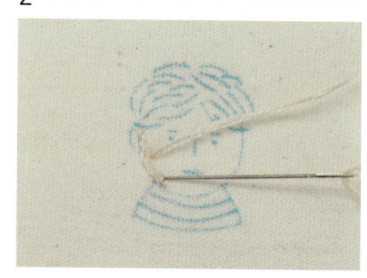

소년의 얼굴을 스플릿 스티치로 수놓습니다.

한쪽 얼굴선에서 시작하여 부채꼴로 퍼지듯 수를 채우면 더 예쁘게 완성할 수 있어요.

3

소년의 귀를 블리온 스티치로 수놓습니다.

4

소년의 얼굴 위에 수성펜으로 눈, 코, 입의 가이드 선을 그립니다.

5

코를 블리온 스티치로 수놓습니다.

6

눈동자를 프렌치 노트 스티치로, 눈썹과 입을 스트레이트 스티치로 수놓습니다.

7

소년의 머리카락을 블리온 스티치로 수놓습니다.

TIP 머리카락을 수놓을 때는 빈틈이 보이지 않게, 블리온 스티치를 최대한 촘촘히 새겨주세요. 도안선을 그대로 따라서 놓기보다는, 진행하는 방향에 따라서 흐름에 맞춰 채워주는 게 좋아요.

8

9

소년의 티셔츠를 체인 스티치로 수놓습
니다.

두 가지 색을 한 줄씩 번갈아가며 놓습
니다.

실을 정리하여 완성합니다.

사각 티 코스터 만들기

1 준비한 원단 중 한 원단에 가이드를 따라 자수를 완성한 후, 원단을 바로 놓습니다.

2 그 위에 준비한 또 한 장의 원단을 포개어 올립니다.

TIP 완성된 자수는 안쪽에 다른 원단과 맞닿아 보이지 않으며, 수를 놓은 뒷면이 밖으로 보이도록 포개면 돼요.

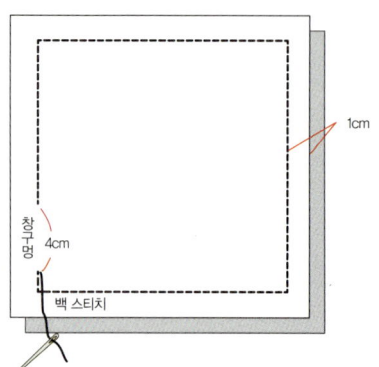

3 원단 끝에서 위아래 좌우 각 1cm씩의 여분을 두고, 사각형 모양으로 백 스티치를 둘러 두 장의 원단을 서로 박음질합니다. 이때, 4cm 정도의 창구멍을 남겨주세요.

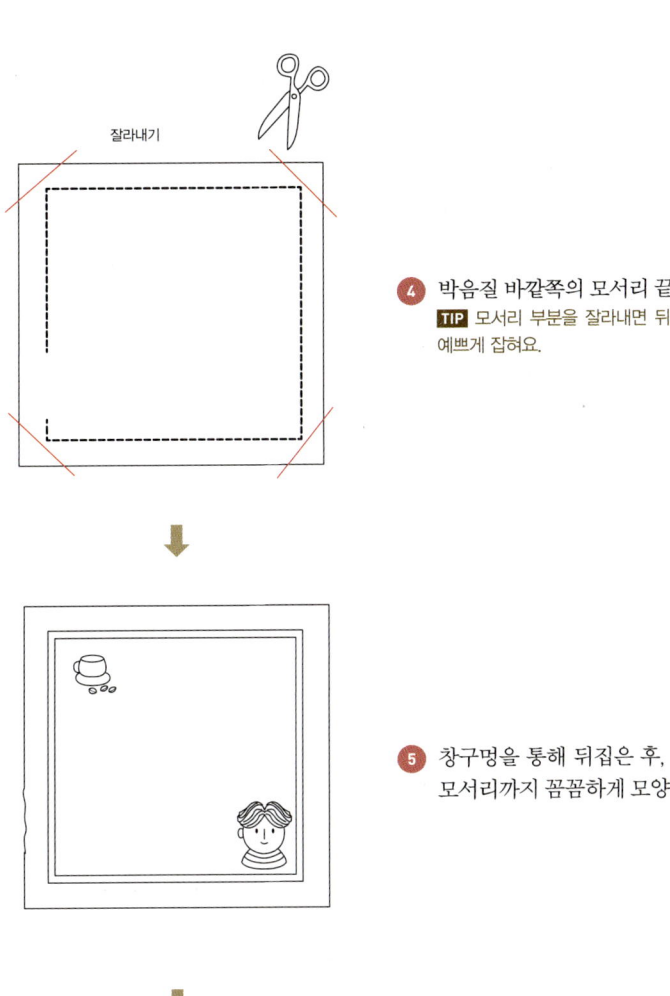

④ 박음질 바깥쪽의 모서리 끝을 잘라냅니다.
TIP 모서리 부분을 잘라내면 뒤집었을 때 모양이 더 예쁘게 잡혀요.

⑤ 창구멍을 통해 뒤집은 후, 송곳이나 펜을 이용해 모서리까지 꼼꼼하게 모양을 잡아줍니다.

⑥ 창구멍을 공그르기로 막아서 완성합니다.

6

커피 앤드 롤 티 코스터

난이도	★★☆☆☆
작품 사이즈	9.5cm × 9.5cm
준비물	리넨 원단(12 × 12cm) 2장
실물 크기 도안	C

자수 정보	
사용한 스티치	러닝 스티치, 백 스티치, 새틴 스티치, 스플릿 스티치, 아우트라인 스티치, 프리 스티치
사용한 실	300, 437, 3770, w

자수 가이드

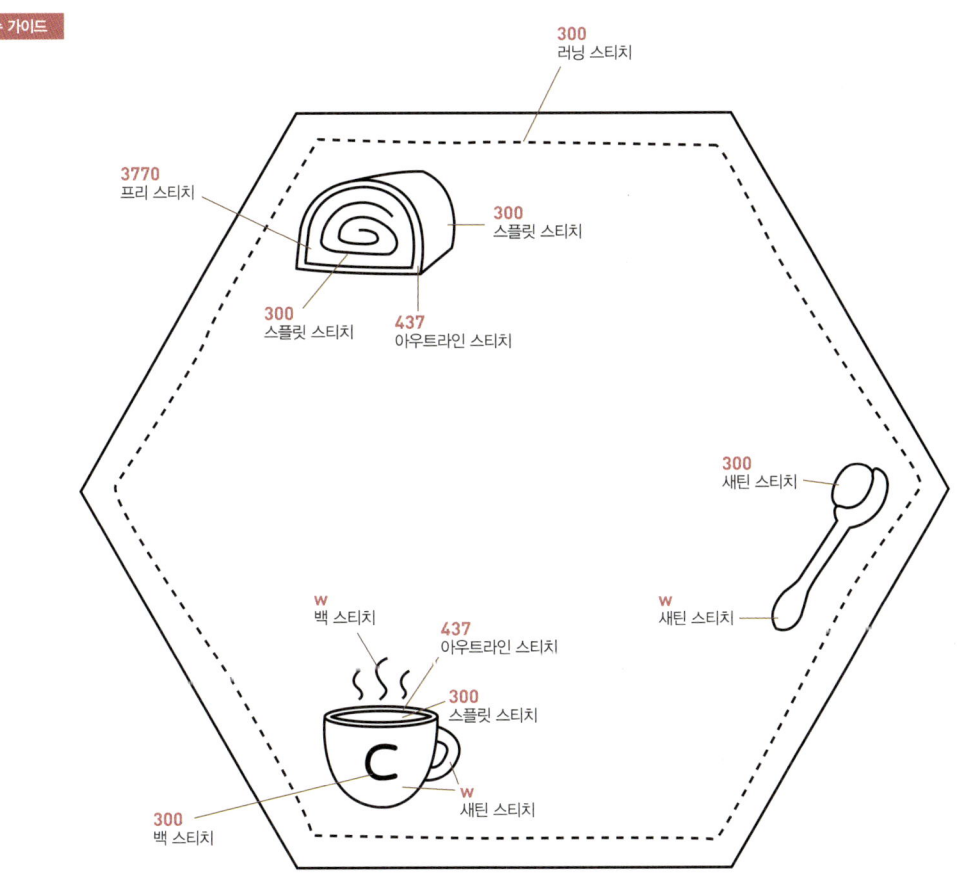

300
러닝 스티치

3770
프리 스티치

300
스플릿 스티치

300
스플릿 스티치

437
아우트라인 스티치

300
새틴 스티치

w
새틴 스티치

w
백 스티치

437
아우트라인 스티치

300
스플릿 스티치

w
새틴 스티치

300
백 스티치

× **실 번호(실 가닥수)**
스티치 방법
• 표시 외 실 가닥수는 3가닥입니다.

커피 잔 수놓기

1 -------------------------

리넨 원단에 도안을 옮겨 그립니다.

2 -------------------------

커피 잔 테두리를 백 스티치로 수놓습니다.

3 -------------------------

커피 잔 위의 김을 백 스티치로 수놓습니다.

4 -------------------------

커피 잔 안쪽 면을 새틴 스티치로 채워줍니다. 가운데 중심선을 잡은 후

과정2에서 완성한 백 스티치를 덮는 방식으로 새틴 스티치를 놓습니다.

세로 방향으로 꼼꼼하게 채워줍니다.

5 -------------------------

커피 잔의 손잡이를 가로 방향의 새틴 스티치로 채워줍니다.

6 -------------------------

커피 잔 입구를 아웃라인 스티치로 수놓습니다.

7 - ●

잔 안쪽의 커피를 스플릿 스티치로 수놓습니다.

8 - ●

커피 잔 위에 수성펜으로 'C' 글자의 가
이드 선을 그립니다.

9 - ●

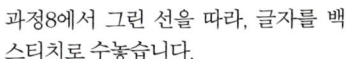

과정8에서 그린 선을 따라, 글자를 백
스티치로 수놓습니다.

10 - ●

실을 정리하여 완성합니다.

육각 티 코스터 만들기

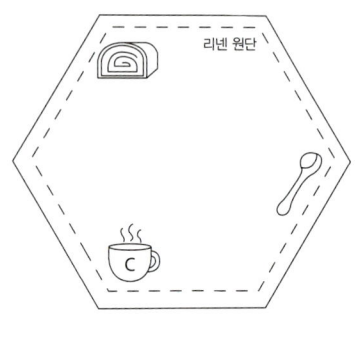

① 준비한 원단 중 한 원단에 가이드를 따라 자수를 완성한 후, 원단을 바로 놓습니다.

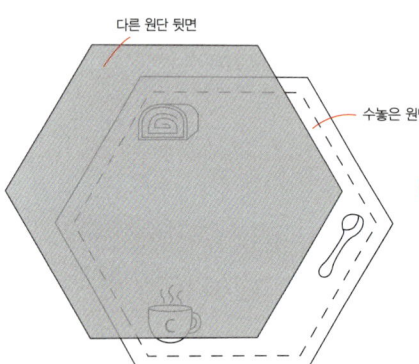

② 그 위에 준비한 또 한 장의 원단을 포개어 올립니다.

> **TIP** 완성된 자수는 안쪽에 다른 원단과 맞닿아 보이지 않으며, 수를 놓은 뒷면이 밖으로 보이도록 포개면 돼요.

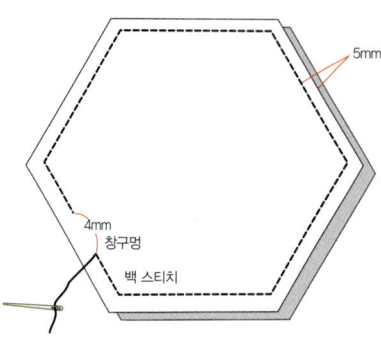

③ 러닝 스티치에서 각 5mm씩의 여분을 두고, 육각형 모양으로 백 스티치를 둘러 두 장의 원단을 서로 박음질합니다. 이때, 한 면에 4cm 정도의 창구멍을 남겨주세요.

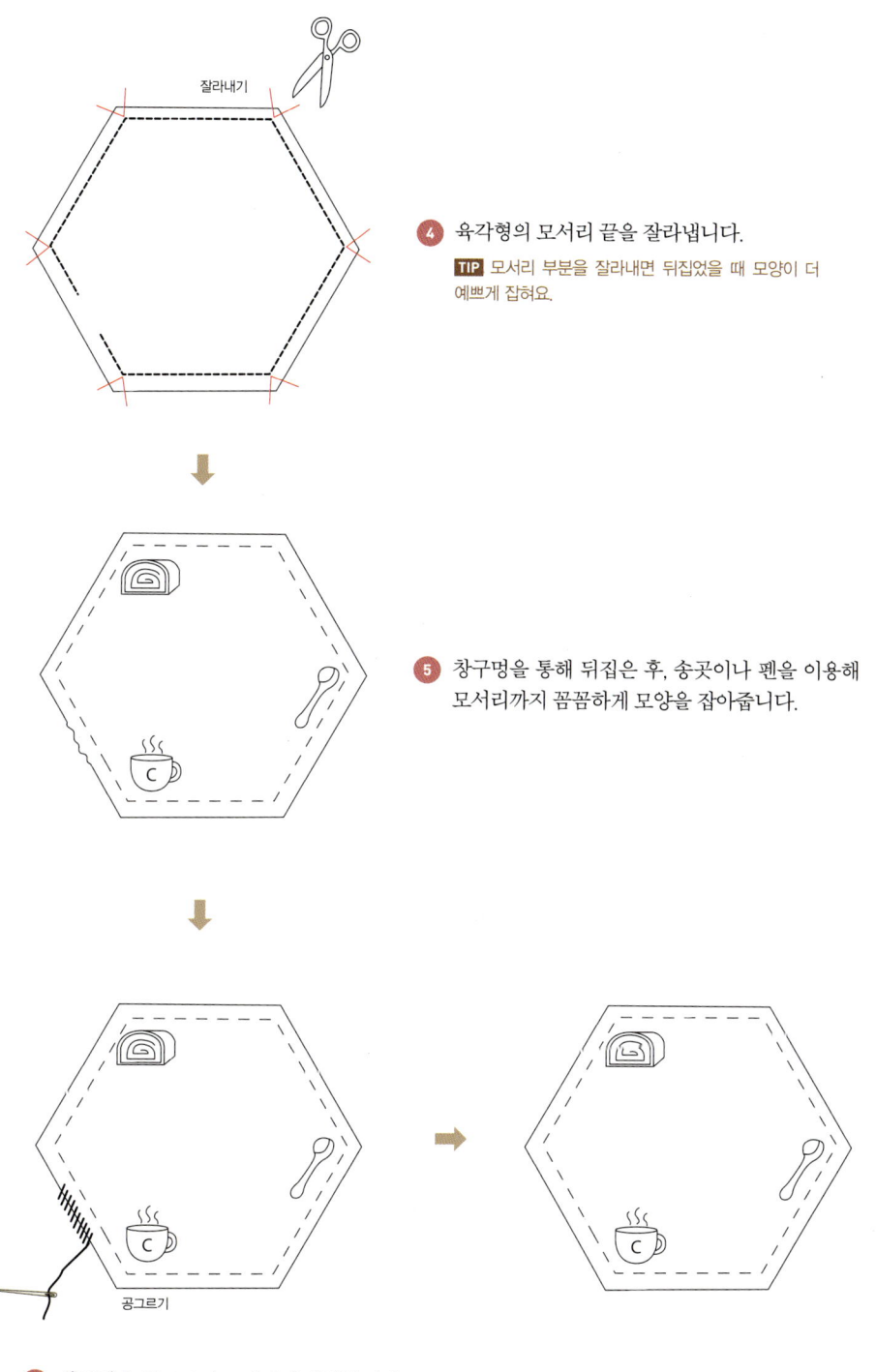

잘라내기

4 육각형의 모서리 끝을 잘라냅니다.

TIP 모서리 부분을 잘라내면 뒤집었을 때 모양이 더 예쁘게 잡혀요.

5 창구멍을 통해 뒤집은 후, 송곳이나 펜을 이용해 모서리까지 꼼꼼하게 모양을 잡아줍니다.

공그르기

6 창구멍을 공그르기로 막아서 완성합니다.

7

곰이 마시멜로를
만났을 때 컵 홀더

난이도	★★★☆☆
작품 사이즈	27cm × 8cm
준비물	리넨 원단(30 × 11cm) 2장, 접착솜(26 × 7cm)
실물 크기 도안	D

자수 정보

사용한 스티치 백 스티치, 새틴 스티치, 스트레이트 스티치, 스플릿 스티치, 아우트라인 스티치

사용한 실 155, 310, 543, 841, w

자수 가이드

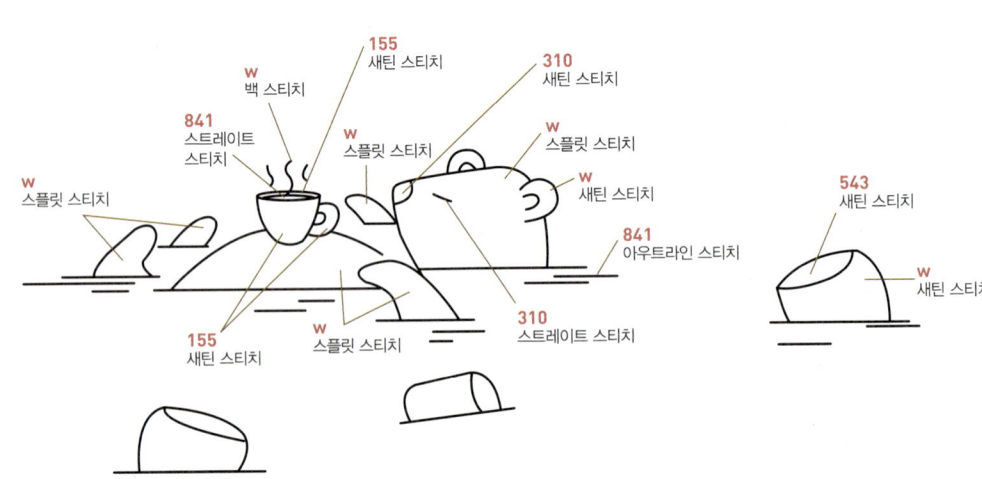

× 실 번호(실 가닥수)
　스티치 방법
• 표시 외 실 가닥수는 3가닥입니다.

150

컵 홀더 만들기

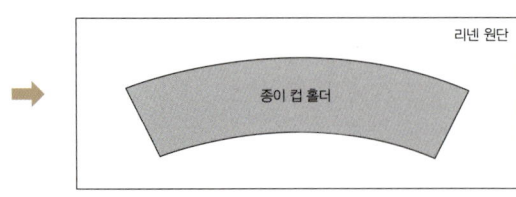

리넨 원단

종이 컵 홀더

1 본을 뜰 테이크아웃 종이 컵 홀더를 준비합니다.

2 종이 컵 홀더의 이음새를 뜯어 넓게 펼친 후, 준비한 원단에 대고 본을 뜹니다.

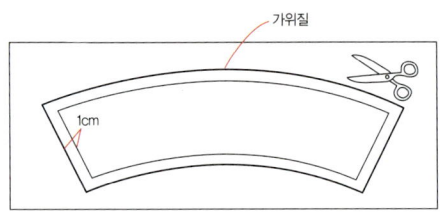

가위질

1cm

3 두 장 모두 본을 뜬 후, 본에서 바깥으로 1cm 정도의 여분을 남기고 원단을 잘라냅니다.

4 한 원단에 적당한 위치를 잡고 도안을 옮겨 그린 후, 가이드를 따라 자수를 완성합니다.

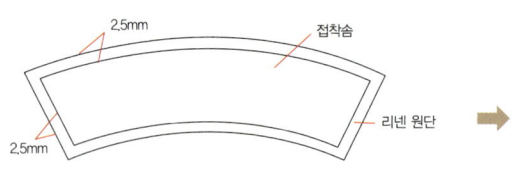

2.5mm

접착솜

리넨 원단

2.5mm

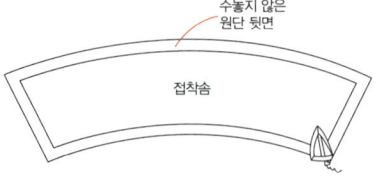

수놓지 않은
원단 뒷면

접착솜

5 과정2에서 그린 본의 크기보다 위아래 좌우 각 2.5mm 작은 크기로 접착솜을 자릅니다.

6 수를 놓지 않은 원단에 위치를 맞추어 접착솜을 붙입니다.

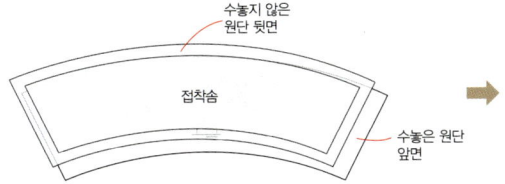

7 수를 완성한 원단의 수를 놓은 겉면과, 다른 원단의 접착솜이 없는 면이 맞닿게 원단을 포개어 올립니다.

TIP 완성된 자수는 안쪽에 다른 원단과 맞닿아 보이지 않으며, 수를 놓은 뒷면과 접착솜이 밖으로 보이도록 포개면 돼요.

8 과정2에서 그린 본을 따라, 1cm 안쪽에 백 스티치로 두 장의 원단을 서로 박음질합니다. 이때, 오른쪽 사선 면에 4cm 정도의 창구멍을 남겨주세요.

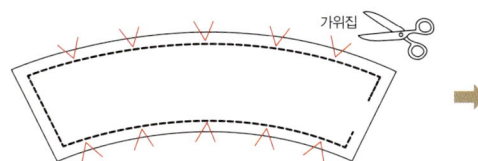

9 위아래 곡선 부분에 1cm 간격으로 가위집을 넣습니다.

10 창구멍을 통해 뒤집은 후, 송곳이나 펜을 이용해 모서리까지 꼼꼼하게 모양을 잡아줍니다.

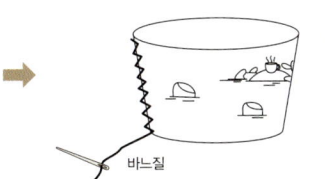

11 창구멍을 공그르기로 막습니다.

12 컵에 둘러서 적당한 컵 홀더의 크기를 잡은 후, 사선 면을 연결하여 완성합니다.

8
스프링 도그 북마크

난이도	★ ★ ★ ☆ ☆
작품 사이즈	3cm × 10cm
준비물	옥스포드 원단(6 × 13cm), 두꺼운 도화지(6 × 9cm), 접착 펠트지(6 × 13cm)
실물 크기 도안	C

자수 정보

사용한 스티치   새틴 스티치, 스플릿 스티치, 아우트라인 스티치, 카우칭 스티치, 프렌치 노트 스티치, 플라이 스티치

사용한 실   310, 318, 434, 437, 817, w

자수 가이드

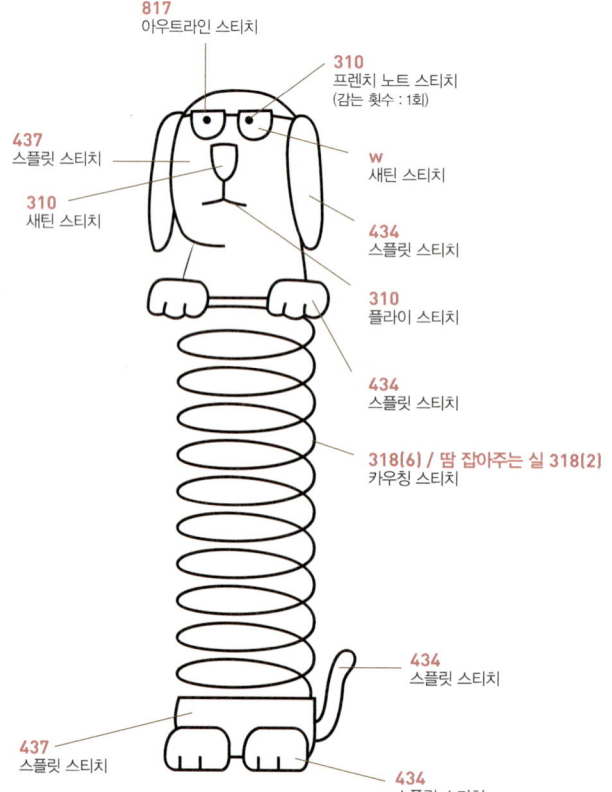

817
아우트라인 스티치

310
프렌치 노트 스티치
(감는 횟수 : 1회)

437
스플릿 스티치

w
새틴 스티치

310
새틴 스티치

434
스플릿 스티치

310
플라이 스티치

434
스플릿 스티치

318(6) / 땀 잡아주는 실 318(2)
카우칭 스티치

434
스플릿 스티치

437
스플릿 스티치

434
스플릿 스티치

✕ 실 번호(실 가닥수)
스티치 방법
• 표시 외 실 가닥수는 3가닥입니다.

154

강아지 얼굴 수놓기

1

옥스포드 원단에 도안을 옮겨 그립니다.

2

강아지의 코 테두리를 백 스티치로 수놓습니다.

3
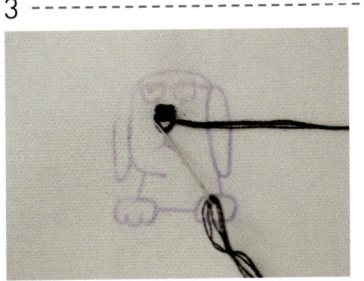
강아지 코의 안쪽 면을 새틴 스티치로 채워줍니다.

4

강아지의 흰자위를 새틴 스티치로 수놓습니다.

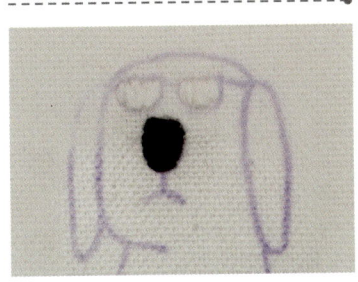
세로 방향으로 꼼꼼하게 채워주세요.

5

과정4에서 완성한 뉴 위에 눈동기를 프렌치 노트 스티치로 수놓습니다.

6
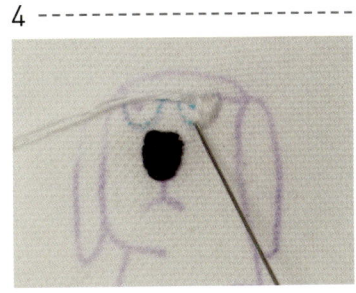
강아시의 안경을 아우트라인 스티치로 수놓습니다.

과정4에서 수놓은 눈에 테두리를 두르 듯 수놓으면 예쁘게 모양 잡혀요.

7
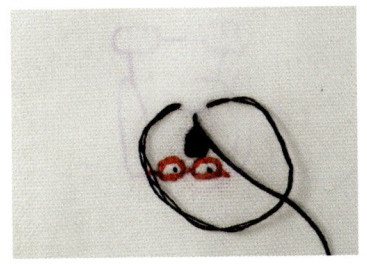

원단의 위아래를 뒤집어서 강아지의 입을 플라이 스티치로 수놓습니다.

8

강아지의 코와 입 주변에 수성펜으로
강아지 털 방향을 잡아 가이드 선을 그
립니다.

9

과정8에서 그린 선을 따라 강아지의
얼굴과 몸을 스플릿 스티치로 수놓습
니다.

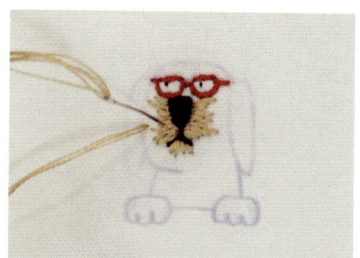

얼굴은 코와 입 주변에서 시작하여 얼
굴 바깥 방향으로, 가이드 선을 따라 듬
성듬성 먼저 놓고 사이를 채우는 방식
으로 진행합니다.

몸은 위에서 아래 방향으로 채웁니다.

10

강아지의 귀를 스플릿 스티치로 수놓습
니다.

위에서 시작하여 아래로 채워가며 수놓
습니다.

양쪽 귀를 모두 수놓습니다.

11

강아지의 손을 스플릿 스티치로 수놓습니다. 양 손을 모두 꼼꼼하게 채워 완성합니다.

북마크 만들기

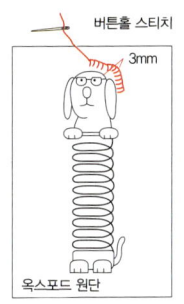  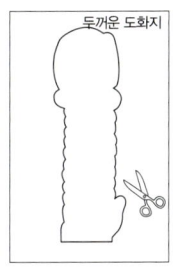

1 완성한 스프링 도그 자수와 3mm의 간격을 두고 버튼홀 스티치로 테두리 자수를 놓습니다.

2 완성한 자수보다 위아래 좌우 각 2mm 작은 크기로 두꺼운 도화지를 자릅니다.

3 자수를 다 덮을 크기로 접착 펠트지를 자릅니다.

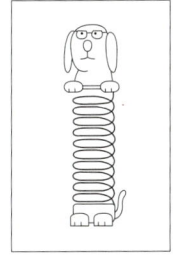 +  + 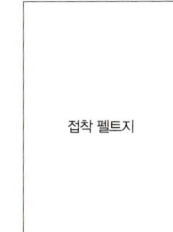 =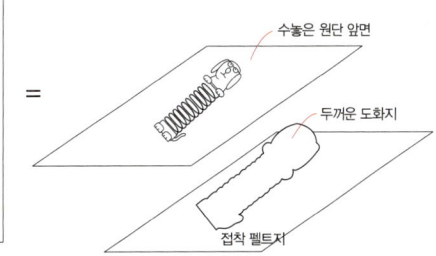

4 자수의 뒷면에 두꺼운 도화지를 위치에 맞춰 올린 후, 접착 펠트지를 붙입니다.

TIP 테두리 부분이 떨어지지 않도록 꼼꼼하게 붙여주세요.

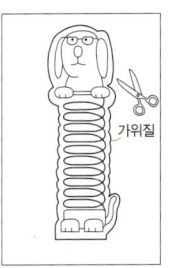 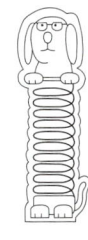

5 과정1에서 새긴 버튼홀 스티치 선에 맞춰 잘라서 북마크를 완성합니다.

⑨
곰돌이 이어폰 정리 홀더

난이도	★★★☆☆
작품 사이즈	7cm × 7cm
준비물	리넨 원단(10 × 10cm) 2장, 가시도트(1.1cm) 1세트
실물 크기 도안	A

자수 정보

사용한 스티치   새틴 스티치, 스트레이트 스티치, 스플릿 스티치, 실론 스티치,
아우트라인 스티치, 체인 스티치

사용한 실   310, 320, 900, 948, 3340, 3341, w

자수 가이드

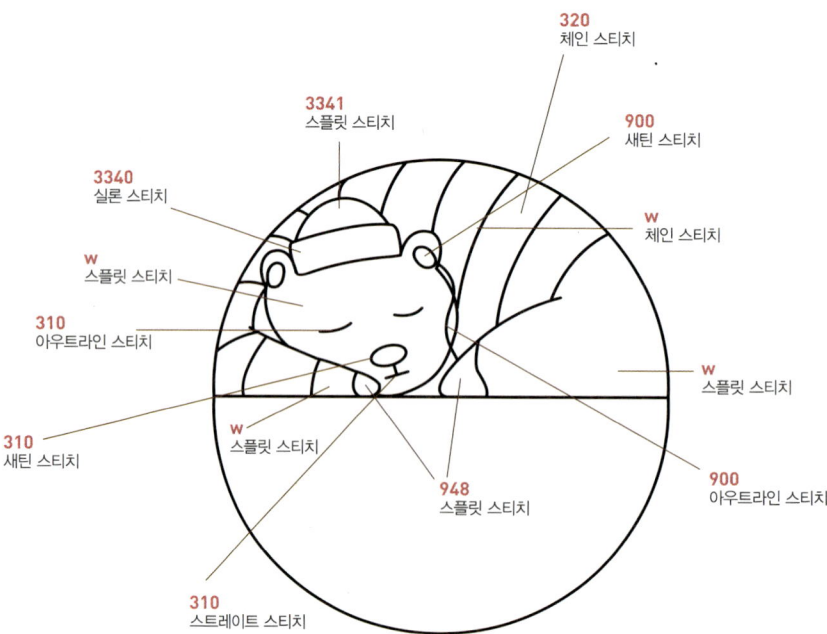

× 실 번호(실 가닥수)
  스티치 방법
• 표시 외 실 가닥수는 3가닥입니다.

158

이어폰 정리 홀더
만들기

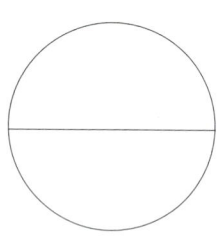

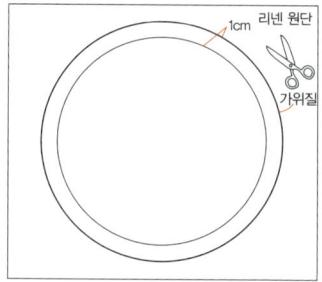

1 도안을 본떠 원 형태의 본을 준비합니다.

2 준비한 두 장의 원단에 원 형태의 본을 뜬 후, 바깥으로 1㎝ 정도의 여분을 남기고 원단을 잘라냅니다.

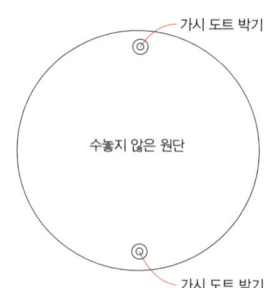

3 한 원단에 자수 도안을 옮겨 그린 후, 가이드를 따라 자수를 완성합니다.

4 수를 놓지 않은 원단에, 원의 중심을 지나 일직선이 되도록 가시도트를 박습니다.

TIP 반으로 접었을 때, 가시도트가 제대로 맞닿는지 충분히 확인한 후 박아주세요.

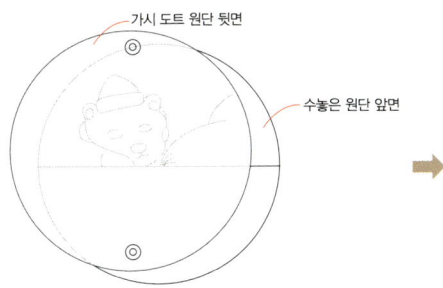

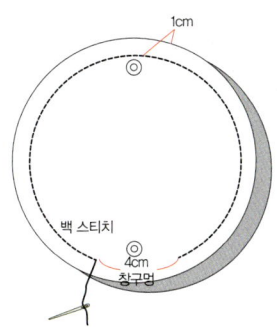

5 수를 완성한 원단의 수를 놓은 겉면과, 가시도트를 박은 원단의 겉면이 맞닿게 원단을 포개어 올립니다.

TIP 완성된 자수는 안쪽에 다른 원단과 맞닿아 보이지 않으며, 수를 놓은 뒷면과 가시도트의 안쪽이 밖으로 보이도록 포개면 돼요.

6 과정2에서 그린 본을 따라, 백 스티치로 두 장의 원단을 서로 박음질합니다. 이때, 4cm 정도의 창구멍을 남겨주세요.

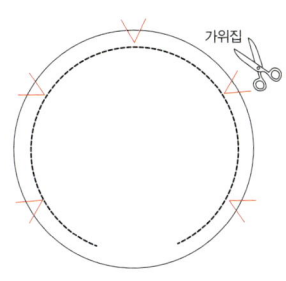

7 곡선 부분을 쭉 따라서 1cm 간격으로 가위집을 넣습니다.

8 창구멍을 통해 뒤집은 후, 송곳이나 펜을 이용해 모서리까지 꼼꼼하게 모양을 잡아줍니다.

9 창구멍을 공그르기로 막습니다.

10 반으로 접어 가시도트를 채워 완성합니다.

(10)

카네이션 자수 카드

난이도	★★★☆☆
작품 사이즈	7.5cm × 10cm(카드 크기에 따라 다름)
준비물	옥스포드 원단(7 × 9cm), 카드(옥스포드 원단 이상의 크기), 카드에 붙일 종이(카드 한 면 크기), 양면테이프
실물 크기 도안	C

자수 정보	
사용한 스티치	레이지 데이지 스티치, 새틴 스티치, 스플릿 스티치, 아우트라인 스티치, 프렌치 노트 스티치
사용한 실	349, 351, 500, 905, 950, 989, 3345, 3713

자수 가이드

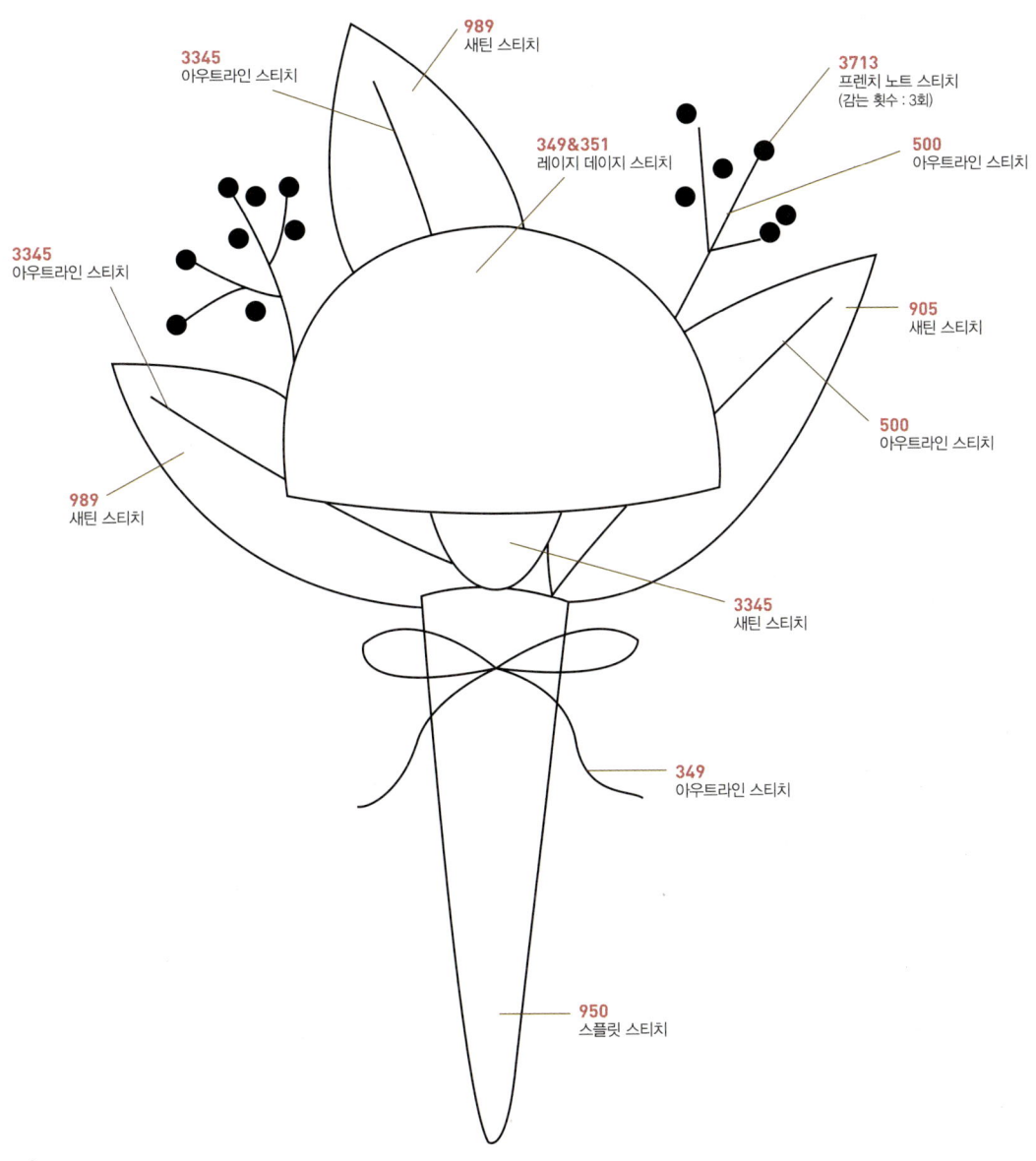

989
새틴 스티치

3345
아웃라인 스티치

3713
프렌치 노트 스티치
(감는 횟수 : 3회)

349&351
레이지 데이지 스티치

500
아웃라인 스티치

3345
아웃라인 스티치

905
새틴 스티치

500
아웃라인 스티치

989
새틴 스티치

3345
새틴 스티치

349
아웃라인 스티치

950
스플릿 스티치

× 실 번호(실 가닥수)
스티치 방법
• 표시 외 실 가닥수는 3가닥입니다.

자수 카드 만들기

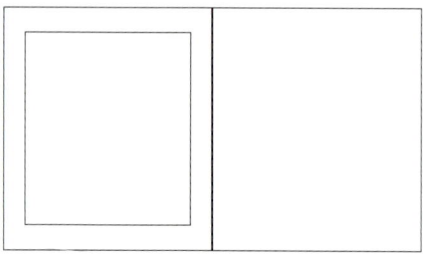

1 창이 있는 카드를 준비합니다.

> **TIP** 자수를 놓을 원단보다 큰 크기의 카드로 준비합니다. 앞면에 창이 있으면 만들기 더 수월하지만 없을 경우 액자 형태로 파내주세요.

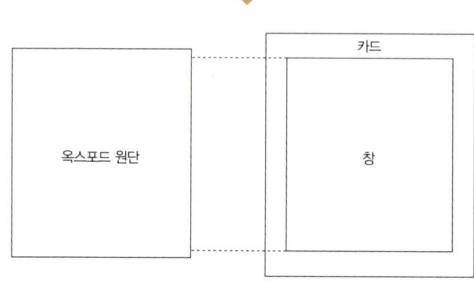

2 준비한 원단을 창 크기보다 크게, 카드 보다는 작게 잘라서 준비합니다.

3 원단에 적당한 위치를 잡고 자수 도안을 옮겨 그린 후, 가이드를 따라 자수를 놓습니다.

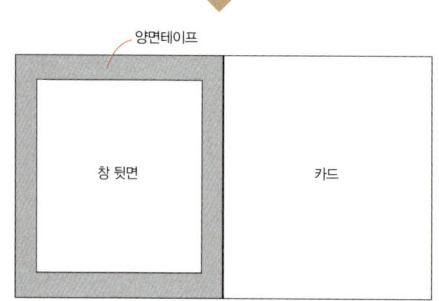

4 카드의 안쪽, 창 뒷면의 위아래 좌우에 양면테이프를 붙입니다.

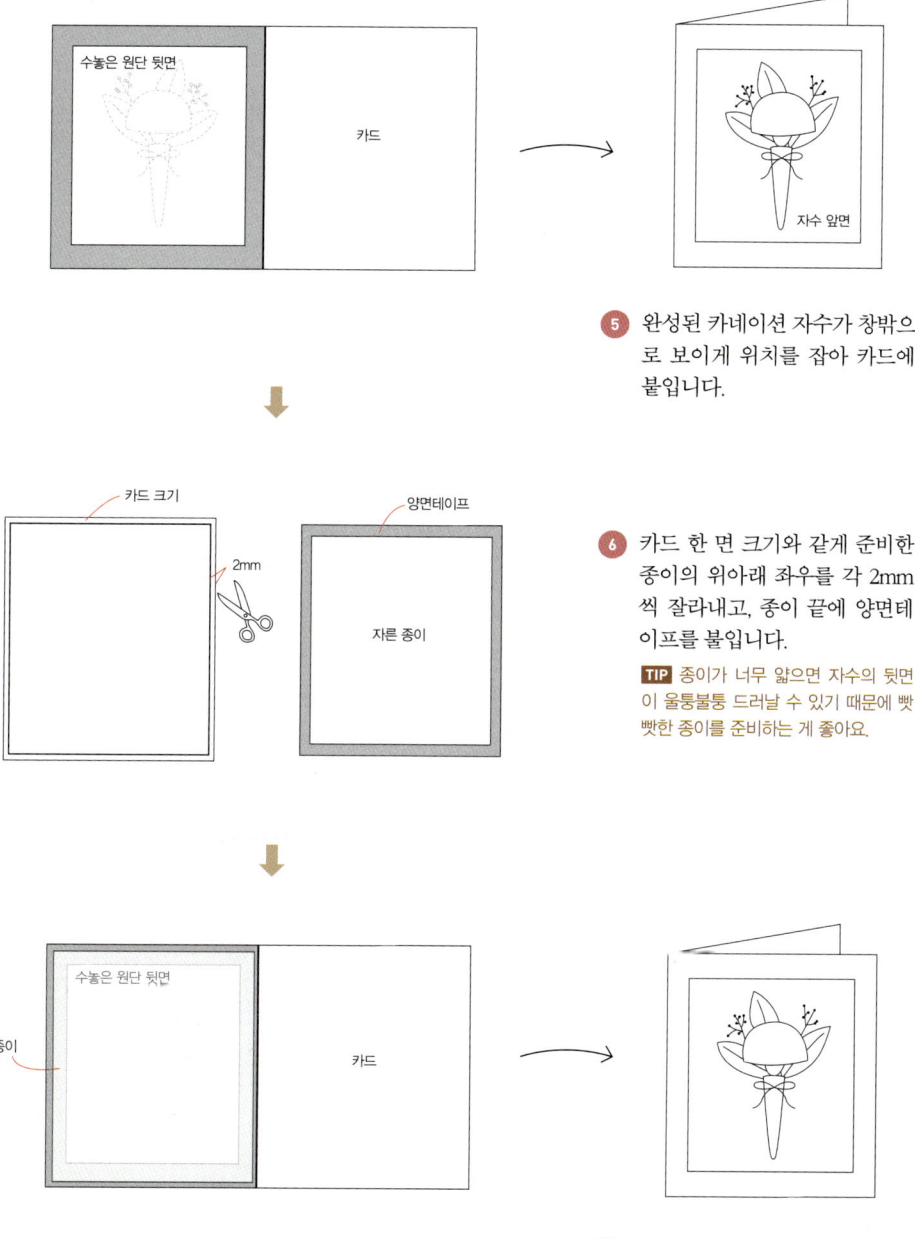

수놓은 원단 뒷면

카드

자수 앞면

5 완성된 카네이션 자수가 창밖으로 보이게 위치를 잡아 카드에 붙입니다.

카드 크기

양면테이프

2mm

자른 종이

6 카드 한 면 크기와 같게 준비한 종이의 위아래 좌우를 각 2mm 씩 잘라내고, 종이 끝에 양면테이프를 붙입니다.

TIP 종이가 너무 얇으면 자수의 뒷면이 울퉁불퉁 드러날 수 있기 때문에 빳빳한 종이를 준비하는 게 좋아요.

수놓은 원단 뒷면

종이

카드

7 자수 위에 종이를 붙여 완성합니다.

11

과일 시리즈 메모 자석

난이도	★★☆☆☆
작품 사이즈	파인애플 4cm × 6.5cm | 복숭아 5cm × 6cm | 수박 5.5cm × 5cm
준비물	**파인애플** : 광목 원단(7 × 10cm) 2장, 솜, 강력 자석
	복숭아 : 광목 원단(8 × 9cm) 2장, 솜, 강력 자석
	수박 : 광목 원단(9 × 8cm) 2장, 솜, 강력 자석
실물 크기 도안	B

자수 정보	
사용한 스티치	레이지 데이지 스티치, 로제트 체인 스티치, 롱 앤드 쇼트 스티치, 백 스티치, 새틴 스티치, 스트레이트 스티치, 스플릿 스티치, 아웃라인 스티치, 프렌치 노트 스티치, 프리 스티치, 플랫 스티치
사용한 실	
파인애플	310, 368, 505, 725, 726, 728, 3860
복숭아	819, 913, 3031, 3713, 3716
수박	310, 349, 369, 905, w

자수 가이드

1

368(2)+505(2)
스플릿 스티치

505
스플릿 스티치

3860(2)
스트레이트 스티치

505
스플릿 스티치

726
롱 앤드 쇼트 스티치

310
프렌치 노트 스티치
(감는 횟수 : 2회)

725
롱 앤드 쇼트 스티치

728
롱 앤드 쇼트 스티치

310
프리 스티치

2

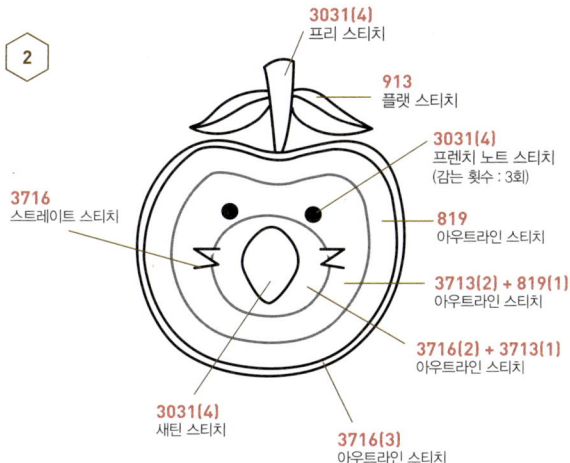

3031(4)
프리 스티치

913
플랫 스티치

3031(4)
프렌치 노트 스티치
(감는 횟수 : 3회)

3716
스트레이트 스티치

819
아웃라인 스티치

3713(2) + 819(1)
아웃라인 스티치

3716(2) + 3713(1)
아웃라인 스티치

3031(4)
새틴 스티치

3716(3)
아웃라인 스티치

3

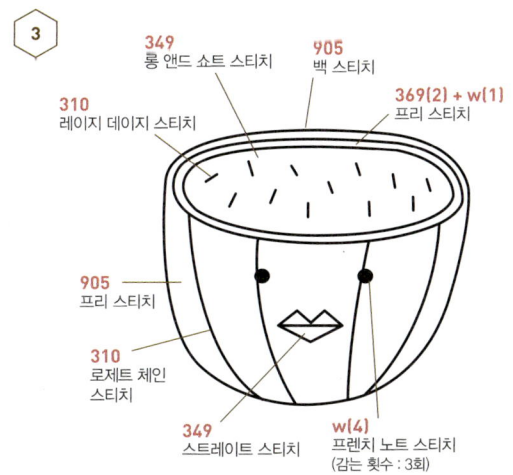

349
롱 앤드 쇼트 스티치

905
백 스티치

310
레이지 데이지 스티치

369(2) + w(1)
프리 스티치

905
프리 스티치

310
로제트 체인
스티치

349
스트레이트 스티치

w(4)
프렌치 노트 스티치
(감는 횟수 : 3회)

× 실 번호(실 가닥수)
　 스티치 방법
• 표시 외 실 가닥수는 3가닥입니다.

파인애플 수놓기

1 ------------------------------

광목 원단에 도안을 옮겨 그립니다.

2 ------------------------------

파인애플의 얼굴에 수성펜으로 롱 앤드 쇼트 스티치의 가이드 선이 될 가로 등 분선을 그립니다.

TIP 작품은 10등분으로 진행했지만, 원하는 땀 길이에 맞춰 늘리거나 줄여도 좋아요.

3 ------------------------------

파인애플의 얼굴에 세로 중심선을 그 립니다.

4 ------------------------------

파인애플의 얼굴을 롱 앤드 쇼트 스티 치로 수놓습니다.
참고 롱 앤드 쇼트 스티치(p.98)

먼저, 과정3에서 그린 중심선을 시작으 로 롱 앤드 쇼트 스티치의 롱 스티치를 한 땀 놓습니다.

그 옆으로 쇼트 스티치와 롱 스티치를 한 땀씩 번갈아가며

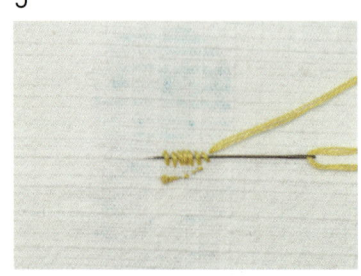

파인애플 얼굴의 오른쪽 첫 줄을 채웁 니다.

5 ------------------------------

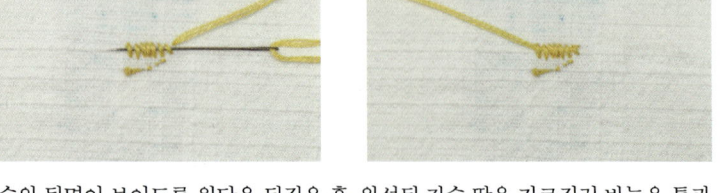

자수의 뒷면이 보이도록 원단을 뒤집은 후, 완성된 자수 땀을 가로질러 바늘을 통과 시킵니다.

6 -

7 -

자수의 앞면이 보이도록 원단을 다시 뒤집은 후, 파인애플 얼굴의 왼쪽 첫 줄도 롱 앤드 쇼트 스티치로 채웁니다.

TIP 이때, 중심선에 놓은 롱 스티치 옆에서 시작하므로 쇼트 스티치를 먼저 놓고, 그다음에 롱 스티치를 놓는 방식으로 롱 스티치와 쇼트 스티치를 반복합니다.

파인애플 얼굴 등분선의 두 번째 줄에 롱 스티치를 놓습니다.

8 -

9 -

TIP 첫 줄의 쇼트 스티치가 끝난 지점을 시작으로 롱 스티치를 쭉 놓습니다.(첫 줄의 롱 스티치가 끝난 지점은 비우고 진행합니다.) 두 번째 줄부터는 가운데가 아닌 왼쪽이나 오른쪽 끝에서 수를 시작합니다.

과정7과 같은 방법으로 얼굴 전체를 롱 스티치로 수놓습니다. 가이드를 따라 실 색을 바꿔 진행합니다.

아홉 번째 줄 까지 빈 곳을 채우듯 롱 스티치를 놓고, 마지막 열 번째 줄은 빈 곳을 쇼트 스티치로 채워서 완성합니다.

10 - - - - - - - - - - - - - - - - - -

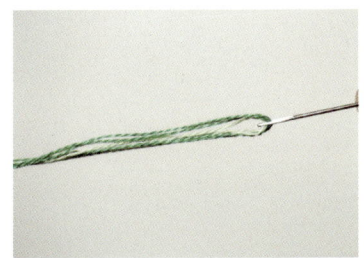

11 -

자수 가이드에서 설명(368(2) + 505(2)) 한대로, 두 색상의 실을 두 가닥씩 뽑아 파인애플 잎을 표현합니다.

실을 바늘에 끼워 준비합니다.

파인애플 각 잎에 수성펜으로 중심선을 그려, 스티치 방향을 잡습니다.

12 --

파인애플 잎을 스플릿 스티치로 수놓습 니다.

가장 큰 잎부터 하나씩 수놓으면 결을 살 릴 수 있어 수가 더 예쁘게 완성됩니다.

테두리를 따라 먼저 놓고, 안쪽으로 한 줄씩 추가하며

13 --

안을 채우는 방식으로 수놓습니다.

같은 방법으로 앞쪽의 세 잎을 스플릿 스티치로 수놓습니다.

14 ---------------------- 15 ---------------------- 16 ----------------------

실색을 바꿔, 나머지 잎도 스플릿 스티 치로 수놓습니다.

파인애플의 얼굴 위에 수성펜으로 눈과 콧수염의 가이드 선을 그립니다.

파인애플 얼굴의 격자무늬를 스트레이 트 스티치로 수놓습니다.

170

빗금을 치듯이 한 방향으로 스트레이트
스티치를 놓은 후

반대 방향으로도 빗금을 수놓습니다.

17

눈을 프렌치 노트 스티치로 수놓습니다.

18

콧수염의 테두리를 백 스티치로 수놓습
니다.

19

콧수염의 안쪽 면을 프리 스티치로 채
워 완성합니다.

냉장고 자석 만들기

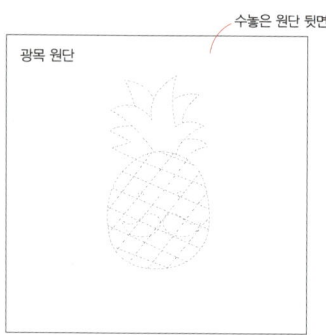

광목 원단

수놓은 원단 뒷면

1 자수를 완성한 원단을 뒤집어 뒷면이 밖으로 보이게 합니다.

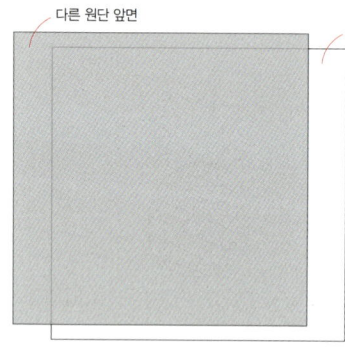

다른 원단 앞면

수놓은 원단 뒷면

2 준비한 다른 원단을 그 위에 포개어 올립니다.

5mm

3cm
창구멍

백 스티치

3 두 원단을 뒤집어 자수가 밖으로 보이게 한 뒤, 백 스티치로 두 원단을 서로 박음질합니다. 자수 완성선에서 바깥으로 5mm 여유를 두고 백 스티치를 놓으며, 3cm 정도의 창구멍을 남겨주세요.

TIP 조금 더 넉넉히 여유를 두고 박음질하여 작품을 더 크게 만들어도 좋아요.

172

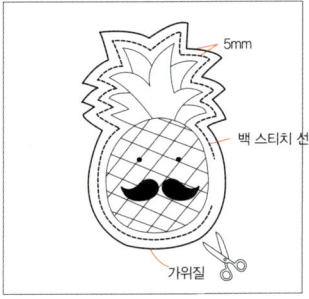

④ 백 스티치 선에서 5mm 여분을 남기고 원단을 잘라냅니다.

⑤ 창구멍을 통해 솜을 채우고, 솜 사이에 자석을 넣어줍니다.

TIP 일반 자석은 솜과 원단을 버티기에 약해서 잘 떨어질 수 있어요. 자력이 강한 자석을 넣으면 잘 붙습니다.

⑥ 창구멍을 백 스티치로 막아서 완성합니다.

12
미니 양말 향주머니

난이도	★★★☆☆
작품 사이즈	7cm × 7cm
준비물	면 원단(15 × 8cm), 고리 끈(10cm), 포푸리
실물 크기 도안	D

자수 정보	
사용한 스티치	스트레이트 스티치, 스플릿 스티치, 실론 스티치
사용한 실	210, 352, 745, 794, 823, 950, 964, 3354, 3770, w

자수 가이드

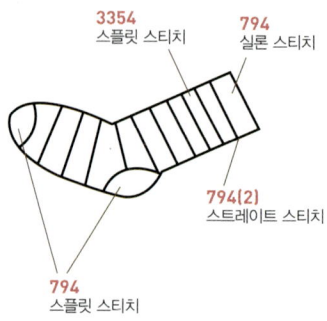

3354
스플릿 스티치

794
실론 스티치

794(2)
스트레이트 스티치

794
스플릿 스티치

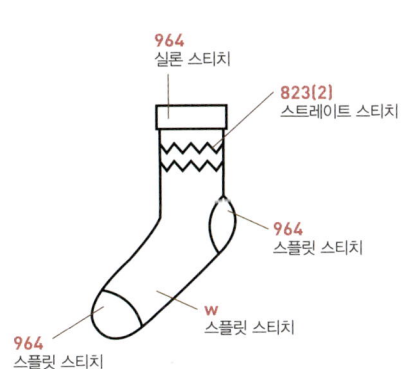

964
실론 스티치

823(2)
스트레이트 스티치

964
스플릿 스티치

W
스플릿 스티치

964
스플릿 스티치

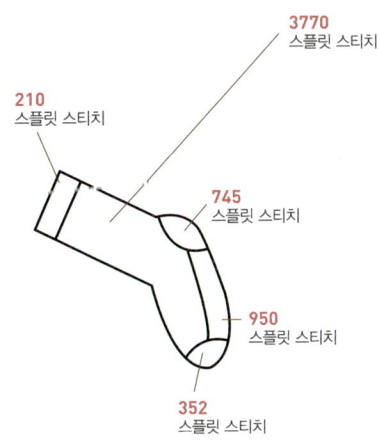

3770
스플릿 스티치

210
스플릿 스티치

745
스플릿 스티치

950
스플릿 스티치

352
스플릿 스티치

× 실 번호(실 가닥수)
　스티치 방법
• 표시 외 실 가닥수는 3가닥입니다.

미니 향주머니 만들기

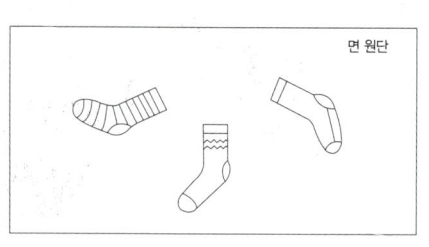

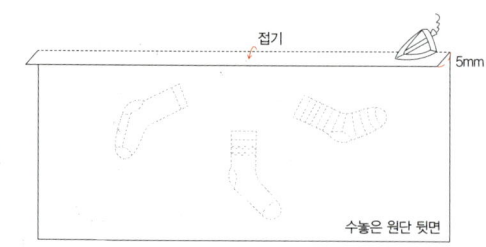

1 면 원단에 도안을 옮겨 그린 후, 가이드를 따라 자수를 완성합니다.

2 원단을 뒤집어 뒷면이 밖으로 보이게 한 뒤, 윗면을 5mm 높이로 접어 다림질합니다.

TIP 다리미로 모양을 잡은 뒤 박음질하면 더 깔끔하게 박음질할 수 있어요.

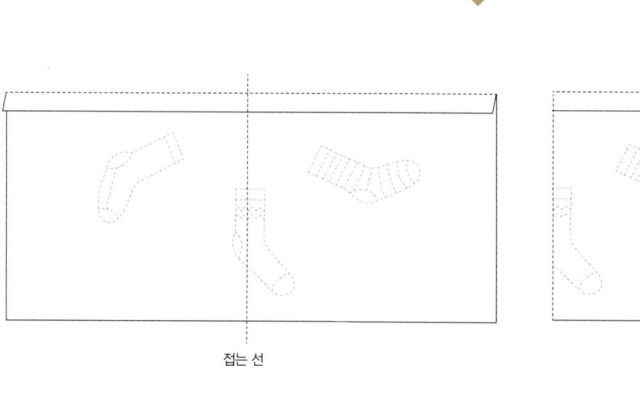

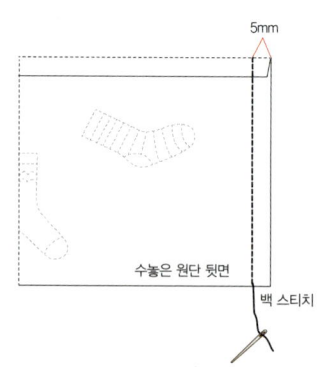

3 자수 뒷면이 밖으로 향하도록 반으로 접은 후, 5mm 시접으로 트인 부분을 백 스티치로 박음질합니다.

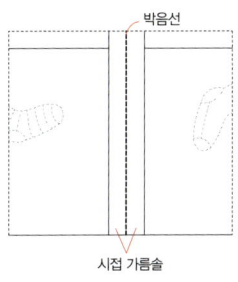

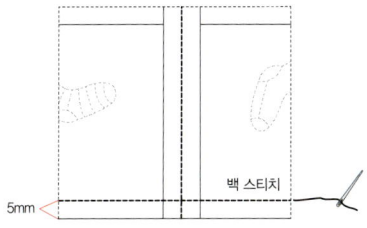

④ 박음선이 가운데 오도록 접고, 시접을 가름솔합니다.

⑤ 밑단을 5mm 시접으로, 백 스티치를 이용해 박음질합니다.

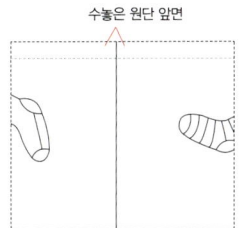

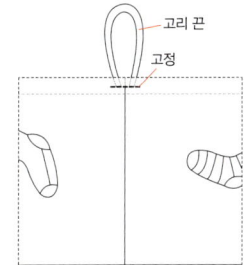

⑥ 윗면을 통해 뒤집은 후, 송곳이나 펜을 이용해 모서리까지 꼼꼼하게 모양을 잡아줍니다.

⑦ 윗면의 정중앙에, 두 원단 사이로 고리 끈을 끼워 고정시킨 뒤, 포푸리를 넣어줍니다.

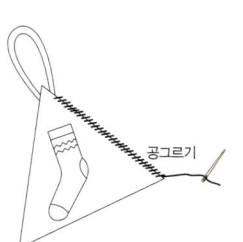

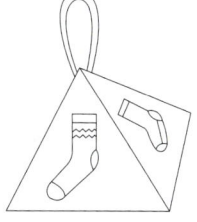

⑧ 삼각뿔 형태가 되도록 모양을 잡은 뒤, 과정2에서 접은 선을 공그르기로 막아 완성합니다.

⑬
플라밍고 파우치

난이도	★★☆☆☆
작품 사이즈	19cm × 26.5cm
준비물	리넨 원단(21 × 62cm), 파우치 끈(54cm) 2개
실물 크기 도안	C

자수 정보

사용한 스티치	레이지 데이지 스티치, 새틴 스티치, 아우트라인 스티치, 체인 스티치, 프렌치 노트 스티치
사용한 실	310, 353, 3371, 앵커10

자수 가이드

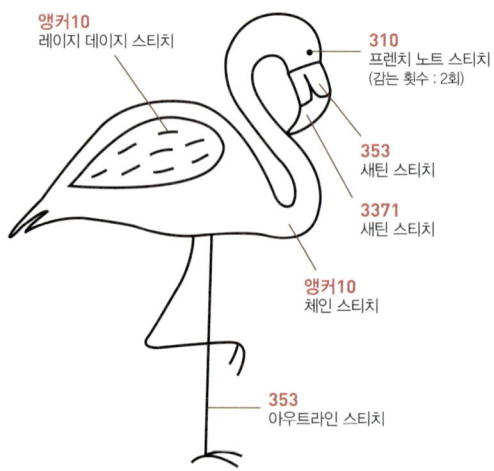

앵커10
레이지 데이지 스티치

310
프렌치 노트 스티치
(감는 횟수 : 2회)

353
새틴 스티치

3371
새틴 스티치

앵커10
체인 스티치

353
아우트라인 스티치

× **실 번호(실 가닥수)**
스티치 방법
• 표시 외 실 가닥수는 3가닥입니다.

플라밍고 파우치 만들기

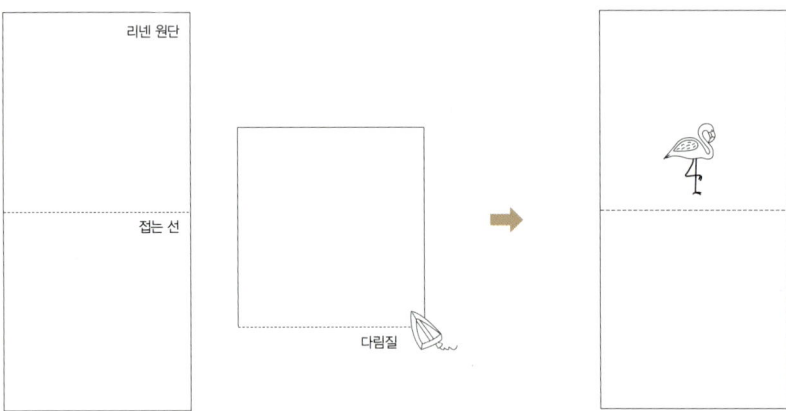

1 원단을 반으로 접어서 다림질합니다.

2 반으로 접힌 한쪽 면에 도안을 옮겨 그린 후, 가이드를 따라 자수를 완성합니다.

> **TIP** 파우치 끈이 들어갈 부분을 고려하여 중앙 보다 살짝 밑에 수를 새기는 것이 더 안정적인 분위기를 낼 수 있어요.

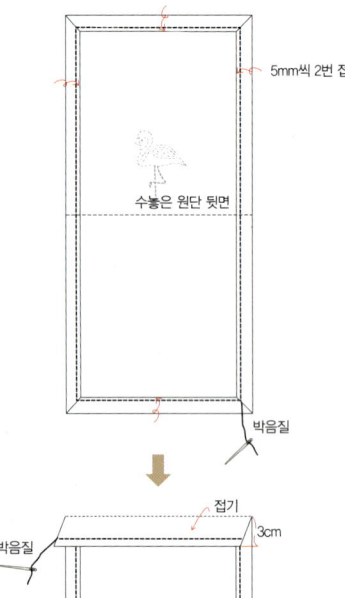

3 자수의 뒷면이 밖으로 보이게 원단을 펼친 후, 위아래 좌우를 안쪽으로 5mm씩 두 번 접어 박음질합니다.

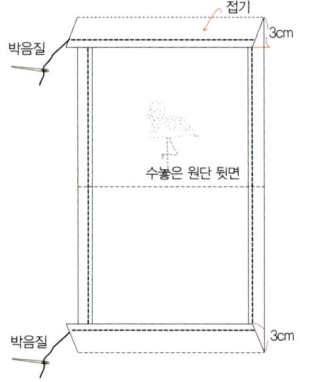

4 파우치 입구가 될 윗면과 아랫면을 3cm 높이로, 안쪽으로 접어 두 겹의 원단을 박음질합니다.

빼고 박음질

박음질

5 자수의 뒷면이 밖으로 보이도록, 과정1에서 접은 선을 따라 반으로 접은 후, 양 옆선을 박음질합니다. 이때, 과정4에서 접은 부분은 빼고 박음질합니다.

6 파우치 입구를 통해 뒤집습니다.

7 파우치 끈을 양쪽으로 교차시켜 넣습니다.

8 두 줄의 끈을 풀리지 않게 매듭으로 묶어 완성합니다.

⑭ 인조이 캠핑 파우치

난이도	★★★★☆
작품 사이즈	16cm × 27cm
준비물	리넨 원단(17 × 28cm) 2장, 파우치 끈(64cm) 2개
실물 크기 도안	E

자수 정보

사용한 스티치	레이지 데이지 스티치, 백 스티치, 새틴 스티치, 스트레이트 스티치, 스플릿 스티치, 아웃라인 스티치
사용한 실	310, 350, 351, 353, 453, 535, 598, 758, 3799, w

자수 가이드

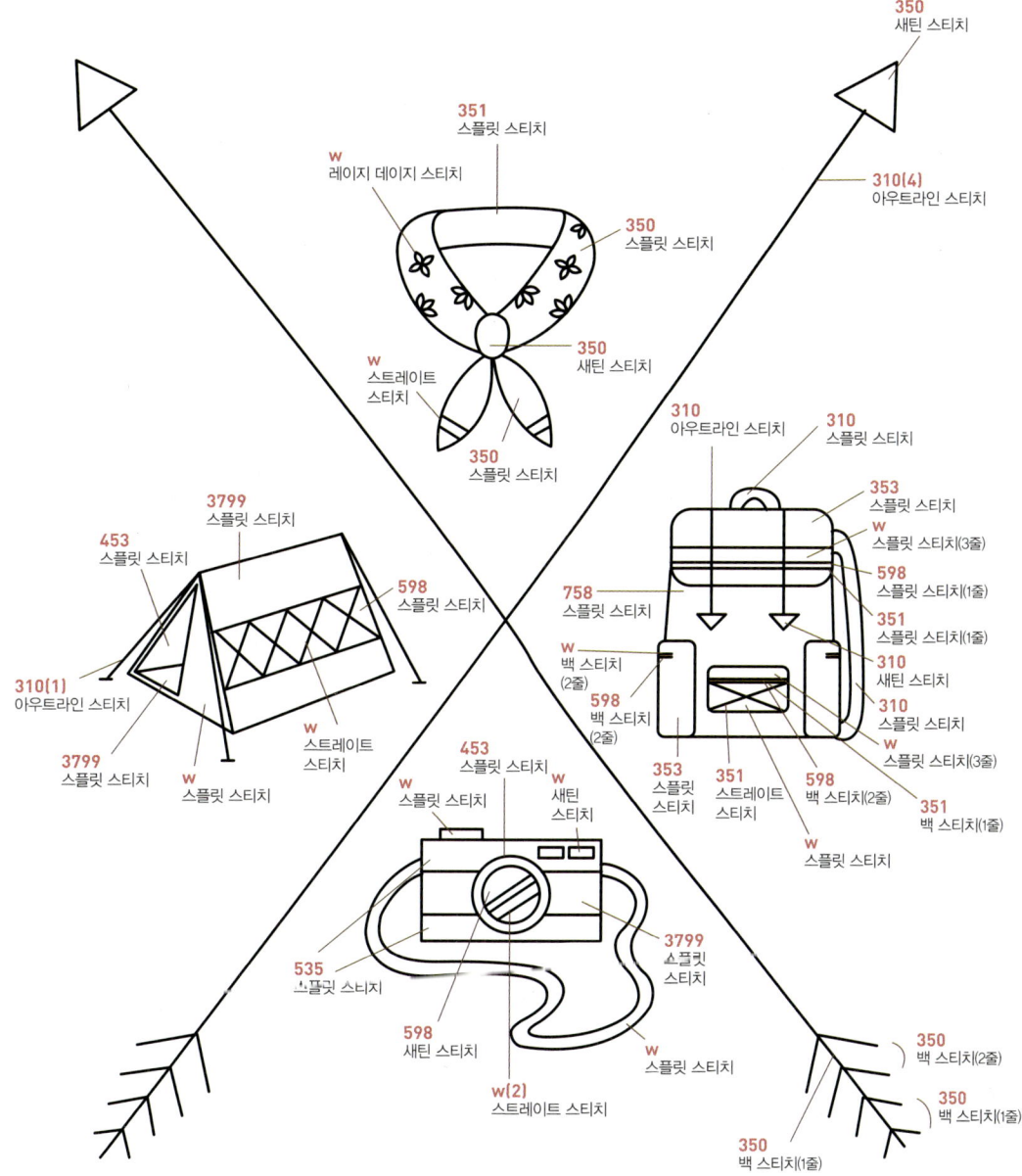

350
새틴 스티치

351
스플릿 스티치

W
레이지 데이지 스티치

350
스플릿 스티치

310(4)
아우트라인 스티치

350
새틴 스티치

W
스트레이트
스티치

350
스플릿 스티치

310
아우트라인 스티치

310
스플릿 스티치

353
스플릿 스티치

W
스플릿 스티치(3줄)

758
스플릿 스티치

598
스플릿 스티치(1줄)

351
스플릿 스티치(1줄)

W
백 스티치
(2줄)

310
새틴 스티치

598
백 스티치
(2줄)

310
스플릿 스티치

W
스플릿 스티치(3줄)

353
스플릿
스티치

351
스트레이트
스티치

598
백 스티치(2줄)

351
백 스티치(1줄)

598
스플릿 스티치

3799
스플릿 스티치

453
스플릿 스티치

598
스플릿 스티치

310(1)
아우트라인 스티치

3799
스플릿 스티치

W
스플릿 스티치

W
스트레이트
스티치

453
스플릿 스티치

W
스플릿 스티치

W
새틴
스티치

535
스플릿 스티치

598
새틴 스티치

w(2)
스트레이트 스티치

3799
스플릿
스티치

W
스플릿 스티치

350
백 스티치(2줄)

350
백 스티치(1줄)

350
백 스티치(1줄)

× 실 번호(실 가닥수)
스티치 방법
• 표시 외 실 가닥수는 3가닥입니다.

183

인조이 캠핑 파우치 만들기

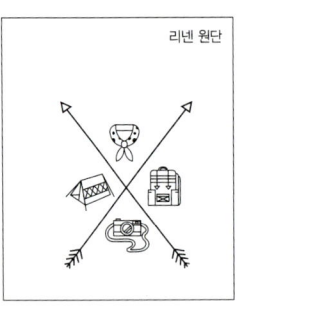

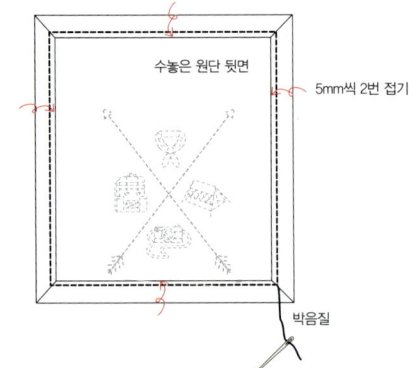

1 준비한 원단 중 한 원단에 도안을 옮긴 후, 가이드를 따라 자수를 완성합니다.

> **TIP** 파우치 끈이 들어갈 부분을 고려하여 중앙보다 살짝 밑에 수를 새기는 것이 더 안정적인 분위기를 낼 수 있어요.

2 원단을 뒤집어 자수의 뒷면이 밖으로 보이게 한 뒤, 위아래 좌우를 안쪽으로 5mm씩 두 번 접어 박음질합니다. 준비한 또 하나의 원단도 같은 방법으로 접어 박음질합니다.

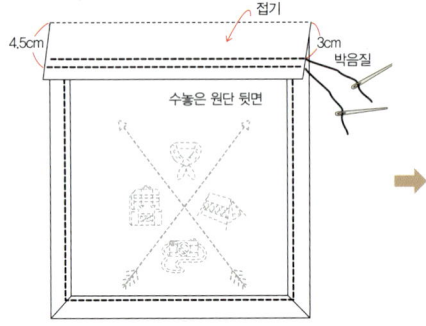

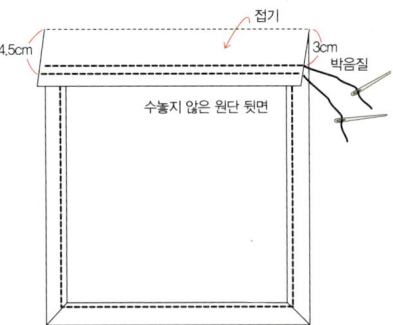

3 자수의 뒷면이 보이는 상태에서 원단의 윗면을 5cm 높이로 접은 후, 두 겹의 원단을 위에서 3cm, 4.5cm 높이로 두 번 박음질합니다. 이 부분이 파우치 끈이 들어갈 공간이 돼요.

4 준비한 또 한 장의 원단도 윗면을 안쪽에서 5cm 높이로 접은 후, 두 겹의 원단을 위에서 3cm, 4.5cm 높이로 두 번 박음질합니다.

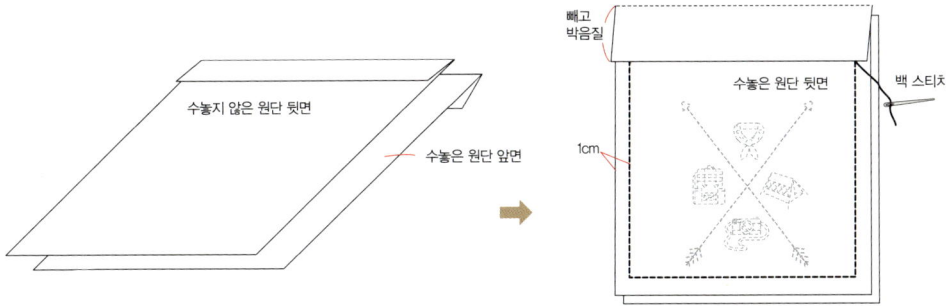

5 두 원단의 겉면이 맞닿게 포개어 올립니다.

TIP 완성된 자수는 안쪽에 다른 원단과 맞닿아 보이지 않으며, 수를 놓은 뒷면과 과정2~4에서 박음질한 부분이 밖으로 보이도록 포개면 돼요.

6 원단 끝에서 각 1cm의 시접으로, 양 옆선과 밑면을 백 스티치로 박음질합니다. 이때, 옆선은 과정3~4에서 접은 부분을 제외하고 박음질합니다.

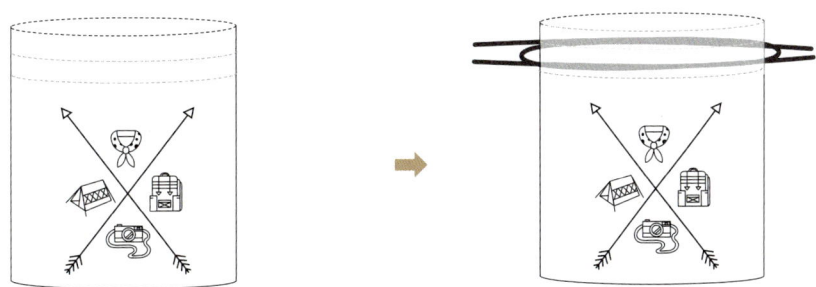

7 파우치 입구를 통해 뒤집은 뒤, 송곳이나 펜을 이용해 모서리까지 모양을 잡습니다.

8 파우치 끈을 양쪽으로 교차시켜 넣습니다.

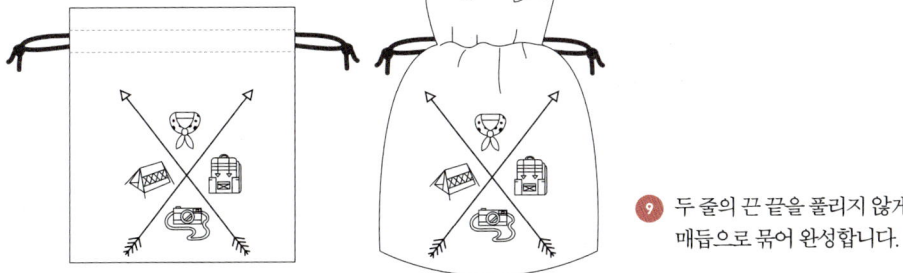

9 두 줄의 끈 끝을 풀리지 않게 매듭으로 묶어 완성합니다.

15

티 포트 앤드 스푼 테이블 매트

난이도	★ ★ ☆ ☆ ☆
작품 사이즈	44cm × 31cm
준비물	리넨 원단(46 × 33cm)
실물 크기 도안	E

자수 정보

사용한 스티치	레이지 데이지 스티치, 백 스티치, 새틴 스티치, 스트레이트 스티치, 아웃트라인 스티치, 프렌치 노트 스티치, 플랫 스티치
사용한 실	**스푼** 153, 350, 552, 632, 3341, w
	티 포트 153, 350, 351, 552, 632, 844, 3341, w

자수 가이드

꽃 : 레이지 데이지 스티치
꽃 수술 : 프렌치 노트 스티치
　　　　 (감는 횟수 : 2회)
줄기 : 아웃트라인 스티치
잎 : 레이지 데이지 스티치

열매 : 프렌치 노트 스티치
　　　 (감는 횟수 : 2회)
줄기 : 백 스티치

잎 : 레이지 데이지 스티치
줄기 : 아웃트라인 스티치

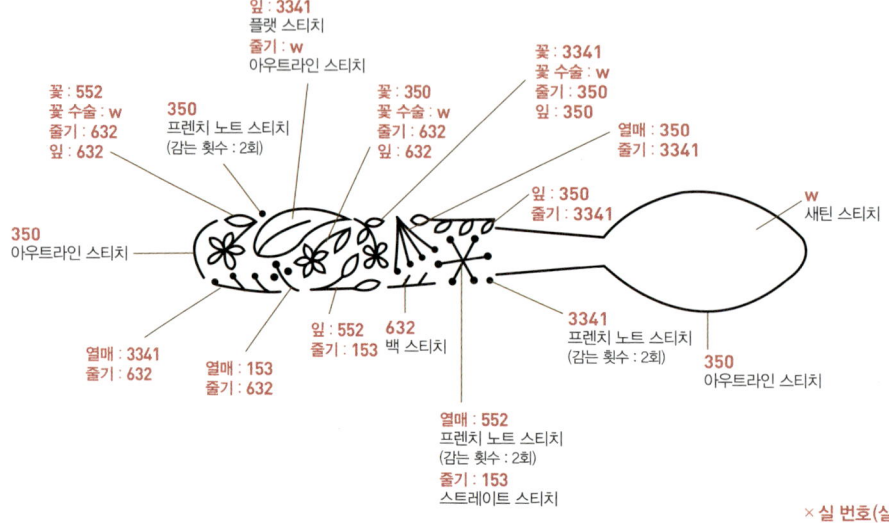

잎 : 3341
플랫 스티치
줄기 : w
아웃트라인 스티치

꽃 : 552
꽃 수술 : w
줄기 : 632
잎 : 632

350
프렌치 노트 스티치
(감는 횟수 : 2회)

꽃 : 350
꽃 수술 : w
줄기 : 632
잎 : 632

꽃 : 3341
꽃 수술 : w
줄기 : 350
잎 : 350

열매 : 350
줄기 : 3341

350
아웃트라인 스티치

잎 : 350
줄기 : 3341

w
새틴 스티치

잎 : 552
줄기 : 153

632
백 스티치

3341
프렌치 노트 스티치
(감는 횟수 : 2회)

350
아웃트라인 스티치

열매 : 3341
줄기 : 632

열매 : 153
줄기 : 632

열매 : 552
프렌치 노트 스티치
(감는 횟수 : 2회)
줄기 : 153
스트레이트 스티치

× 실 번호(실 가닥수)
　 스티치 방법
• 표시 외 실 가닥수는 3가닥입니다.

꽃 : 레이지 데이지 스티치
꽃 수술 : 프렌치 노트 스티치
(감는 횟수 : 2회)
줄기 : 아우트라인 스티치
잎 : 레이지 데이지 스티치

열매 : 프렌치 노트 스티치
(감는 횟수 : 2회)
줄기 : 백 스티치

잎 : 레이지 데이지 스티치
줄기 : 아우트라인 스티치

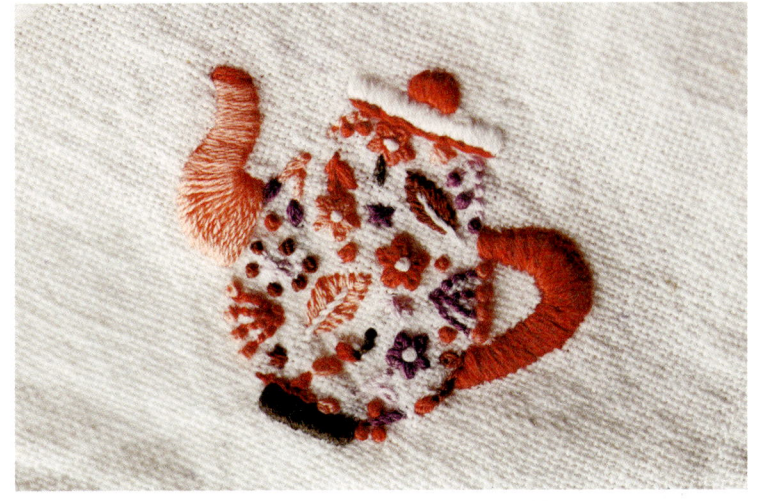

꽃 : 351
꽃 수술 : w
줄기 : 844

350
새틴 스티치

w
새틴 스티치

350
아우트라인 스티치

열매 : 350
줄기 : 3341

꽃 : 350
꽃 수술 : w

350
레이지 데이지 스티치

3341
스트레이트 스티치

3341
새틴 스티치

열매 : 552
줄기 : 153

552
스트레이트
스티치

잎 : 552
줄기 : 3341

잎 : 632
플랫 스티치
줄기 : w
아우트라인 스티치

꽃 : 3341
꽃 수술 : w
줄기 : 350
잎 : 350

350
프렌치 노트 스티치
(감는 횟수 : 2회)

350
새틴 스티치

열매 : 632
프렌지 노트 스티치
(감는 횟수 : 2회)
줄기 : 153
백 스티치

열매 : 351
줄기 : 552

153
스트레이트 스티치

열매 : 3341
줄기 : 351

잎 : 3341
플랫 스티치
줄기 : w
아우트라인 스티치

632
스트레이트 스티치

꽃 : 350
레이지 데이지 스티치
줄기 : 632
아우트라인 스티치
잎 : 632
레이지 데이지 스티치

잎 : 3341
줄기 : 350

열매 : 350
프렌치 노트 스티치
(감는 횟수 : 2회)
줄기 : 552
아우트라인 스티치

꽃 : 552
꽃 수술 : w
줄기 : 153
잎 : 153

잎 : 350
줄기 : 844

844
새틴 스티치

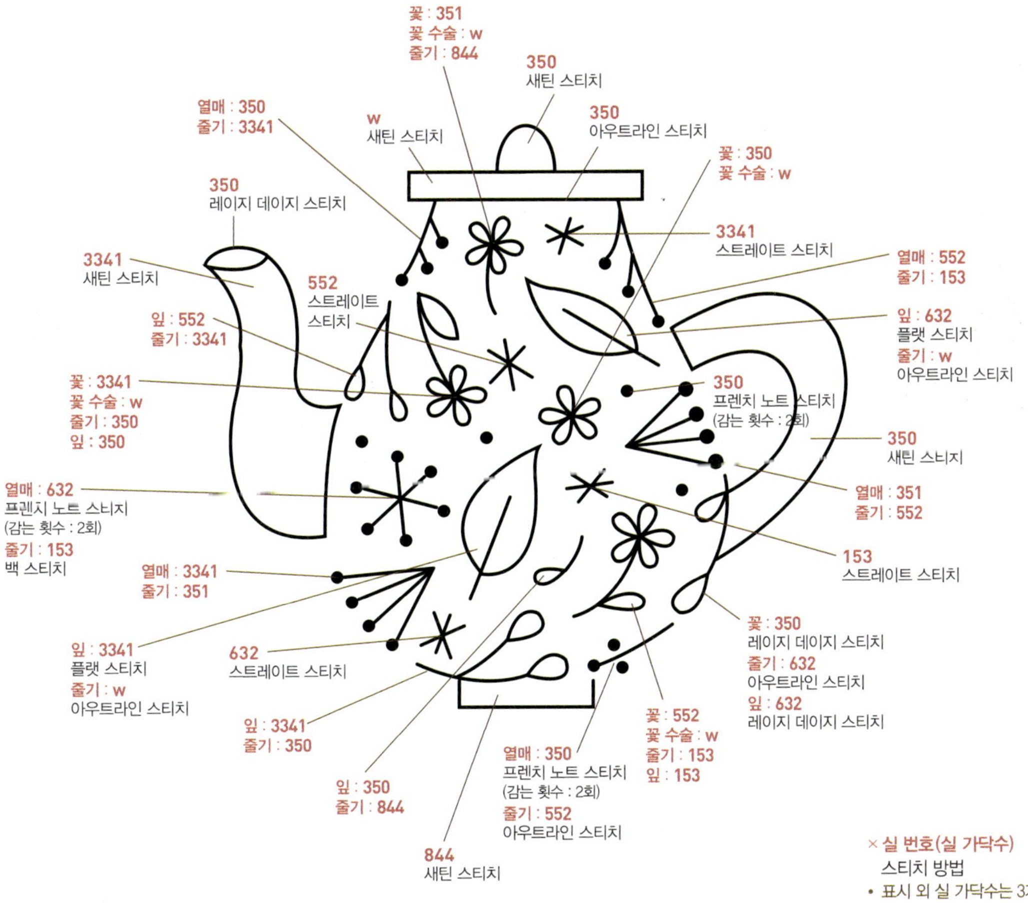

× 실 번호(실 가닥수)
스티치 방법
• 표시 외 실 가닥수는 3가닥입니다.

187

테이블 매트 만들기

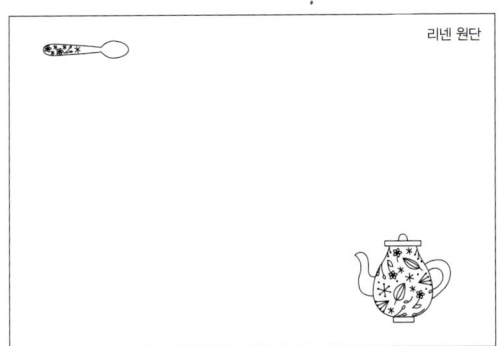

1 리넨 원단에 적당한 위치를 잡고 도안을 옮겨 그린 후, 가이드를 따라 자수를 완성합니다.

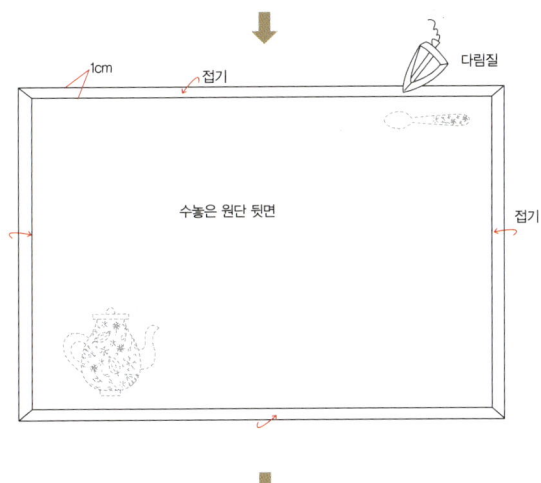

2 원단을 뒤집어 뒷면이 밖으로 보이게 한 뒤, 위아래 좌우를 1cm 높이로 접어 다림질합니다.

> **TIP** 다리미로 모양을 잡은 뒤 박음질하면 더 깔끔하게 박음질할 수 있어요.

3 과정2에서 다림질한 선을 따라 5mm 안쪽으로 박음질하여 완성합니다.

16 과일 3총사 키친 클로스

난이도	★☆☆☆☆
작품 사이즈	24cm × 41cm
준비물	리넨 원단(26 × 43cm), 고리 끈(1.5 × 15cm)
실물 크기 도안	D

자수 정보

사용한 스티치 새틴 스티치, 스트레이트 스티치, 스플릿 스티치

사용한 실

복숭아	319, 368, 962, 989
딸기	310, 349, 470, 3345
토마토	350, 580, 905, 3345

자수 가이드

1

368 스플릿 스티치
319 스플릿 스티치
962 스플릿 스티치

989 새틴 스티치
319 새틴 스티치

2

3345 스플릿 스티치
470 스플릿 스티치
349 스플릿 스티치
310 스트레이트 스티치

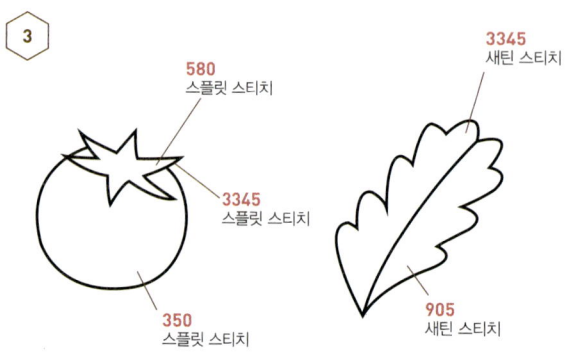

3

580 스플릿 스티치
3345 스플릿 스티치
350 스플릿 스티치

3345 새틴 스티치
905 새틴 스티치

× 실 번호(실 가닥수)
　스티치 방법
• 표시 외 실 가닥수는 3가닥입니다.

딸기 수놓기

1 ----------------------------------

리넨 원단에 도안을 옮겨 그립니다.

2 ----------------------------------

딸기의 테두리를 스플릿 스티치로 수놓습니다. 바깥 테두리를 먼저 놓은 후

3 ----------------------------------

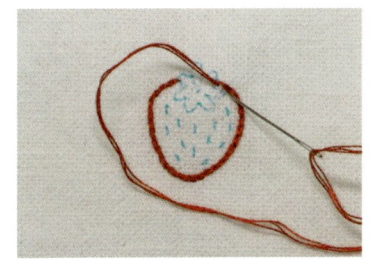 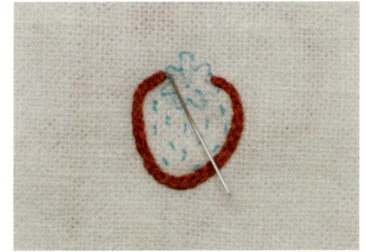 

안쪽으로 테두리를 추가하듯 딸기 안쪽의 빈 면적을 스플릿 스티치로 채웁니다. 가장 안쪽까지 채워주세요.

4 ----------------------------------

빈 곳이 있다면 한 땀씩 꼼꼼하게 채웁니다.

5 ----------------------------------

딸기 꼭지의 줄기 부분을 스플릿 스티치로 수놓습니다.

위에서 시작하여 아래 방향으로 진행합니다.

6 - •

딸기의 잎을 스플릿 스티치로 수놓습
니다.

7 - •

딸기 꼭지의 줄기와 같은 색으로 잎에
명암을 넣어주면 더 입체감 있는 딸기
를 완성할 수 있습니다.

8 - •

딸기 위에 수성펜으로 딸기 씨의 가이
드 선을 그립니다.

9 - •

딸기 씨를 스트레이트 스티치로 수놓아
완성합니다.

키친 클로스 만들기

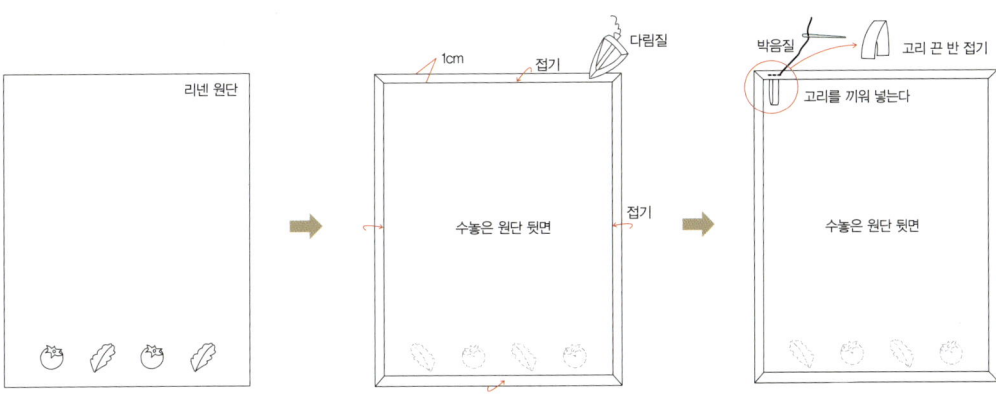

1 리넨 원단에 과일 자수를 완성합니다.

2 원단을 뒤집어 뒷면이 밖으로 보이게 한 뒤, 위아래 좌우를 1cm 높이로 접어 다림질합니다.

TIP 다리미로 모양을 잡은 뒤 박음질하면 더 깔끔하게 박음질할 수 있어요.

3 고리 끈을 반으로 접은 후 한쪽 모서리에 끼워 넣어 박음질로 고정합니다.

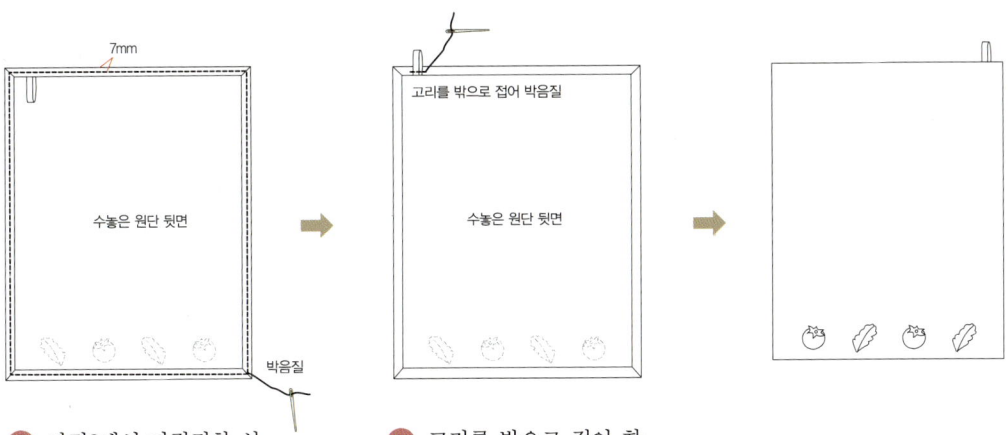

4 과정2에서 다림질한 선을 따라 7mm 안쪽으로 박음질합니다.

5 고리를 밖으로 접어 한 번 더 박음질하여 완성합니다.

선인장 갈런드

난이도	★★★★★
작품 사이즈	12.5cm × 16cm
준비물	리넨 원단(선인장 바탕용, 15 × 20cm) 2장, 리넨 원단 (밤하늘용, 14.5 × 10cm), 본드, 나무 막대기, 고정용 실
실물 크기 도안	F

자수 정보

사용한 스티치   러닝 스티치, 레이지 데이지 스티치, 스트레이트 스티치, 스플릿 스티치, 아웃라인 스티치, 어민 스티치, 프렌치 노트 스티치, 플라이 스티치, 플랫 스티치

사용한 실   320, 351, 353, 367, 369, 402, 500, 520, 909, 911, 967, 989, 3053, 3345, 3776, 3814, w

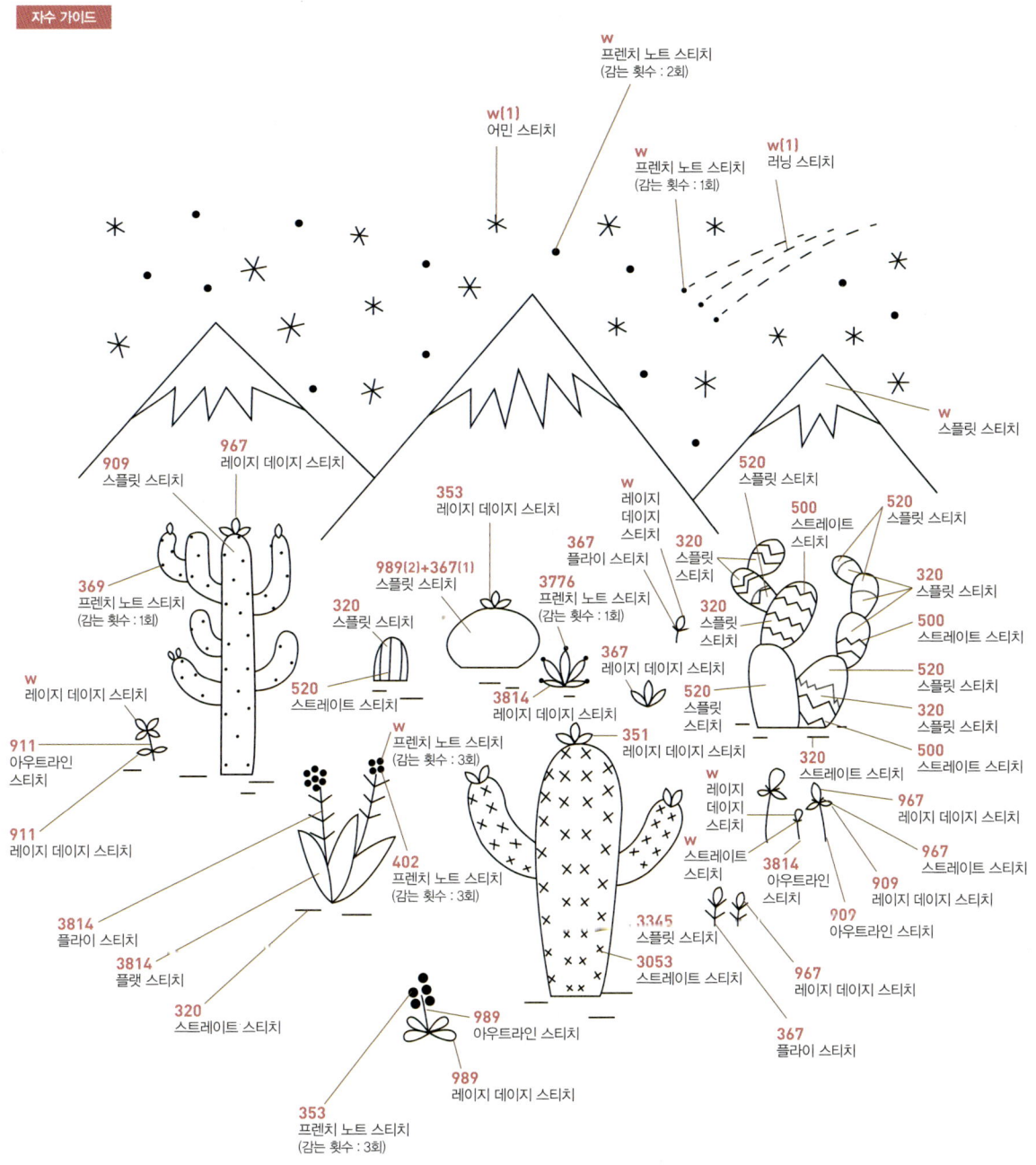

w
프렌치 노트 스티치
(감는 횟수 : 2회)

w(1)
어민 스티치

w
프렌치 노트 스티치
(감는 횟수 : 1회)

w(1)
러닝 스티치

w
스플릿 스티치

909
스플릿 스티치

967
레이지 데이지 스티치

353
레이지 데이지 스티치

520
스플릿 스티치

500
스트레이트
스티치

520
스플릿 스티치

369
프렌치 노트 스티치
(감는 횟수 : 1회)

989(2)+367(1)
스플릿 스티치

367
플라이 스티치

w
레이지
데이지
스티치

320
스플릿
스티치

320
스플릿
스티치

320
스플릿 스티치

320
스플릿
스티치

500
스트레이트 스티치

320
스플릿
스티치

3776
프렌치 노트 스티치
(감는 횟수 : 1회)

367
레이지 데이지 스티치

520
스플릿 스티치

320
스플릿
스티치

w
레이지 데이지 스티치

320
스플릿 스티치

520
스트레이트 스티치

3814
레이지 데이지 스티치

351
레이지 데이지 스티치

520
스플릿
스티치

500
스트레이트 스티치

911
아우트라인
스티치

520
스플릿
스티치

911
레이지 데이지 스티치

w
프렌치 노트 스티치
(감는 횟수 : 3회)

320
스트레이트 스티치

967
레이지 데이지 스티치

967
스트레이트 스티치

909
레이지 데이지 스티치

402
프렌치 노트 스티치
(감는 횟수 : 3회)

w
레이지
데이지
스티치

3814
아우트라인
스티치

3814
플라이 스티치

w
스트레이트
스티치

909
아우트라인 스티치

3814
플랫 스티치

3345
스플릿 스티치

320
스트레이트 스티치

3053
스트레이트 스티치

967
레이지 데이지 스티치

989
아우트라인 스티치

367
플라이 스티치

989
레이지 데이지 스티치

353
프렌치 노트 스티치
(감는 횟수 : 3회)

× 실 번호(실 가닥수)
스티치 방법
• 표시 외 실 가닥수는 3가닥입니다.

195

선인장 수놓기

1 - •

리넨 원단에 도안을 옮겨 그립니다.

2 -

가운데 선인장 줄기를 스플릿 스티치로 수놓습니다. 테두리를 먼저 놓고

안쪽으로 테두리를 추가하듯 면적을 채워가는 방식으로 진행합니다.

- •

가장 안쪽까지 꼼꼼하게 수놓습니다.

3 -

양 옆의 줄기도 스플릿 스티치로 수놓습니다. 테두리를 먼저 수놓은 후

안쪽으로 채워가며 진행합니다.

- •

양쪽 줄기를 모두 채웁니다.

4 -

선인장 꽃을 레이지 데이지 스티치로 수놓습니다.

5

양 옆의 줄기에도 같은 방법으로 꽃을
수놓습니다.

6

선인장 가시를 스트레이트 스티치로 수
놓습니다.

이때, 한 방향으로 먼저 수를 놓은 뒤

다른 방향으로 수를 넣어 'X자' 형태의
가시를 완성합니다.

7

줄기 전체에 가시를 스트레이트 스티치로 수놓아 완성합니다.

갈런드 만들기

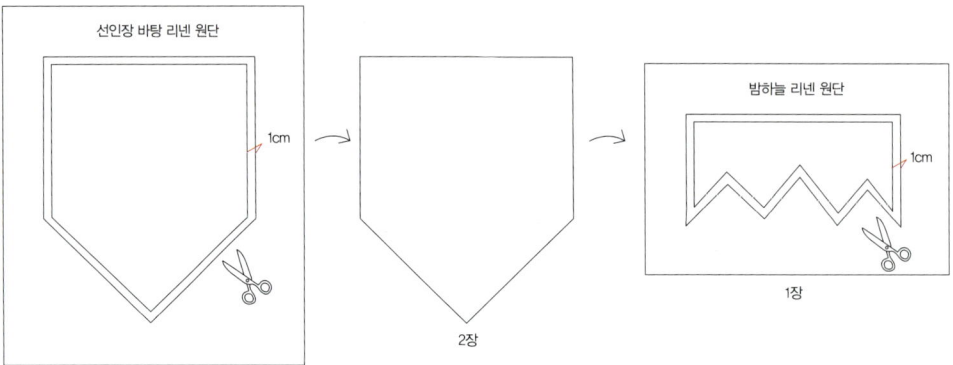

① 선인장 바탕 원단으로 준비한 원단 두 장과, 밤하늘 원단 한 장을 각각 도안을 따라 본을 뜨고 자릅니다.

TIP 이때, 밤하늘 원단은 산 능선을 따라 본을 뜬 뒤, 1cm 여분을 두고 잘라야 박음질을 할 수 있어요.

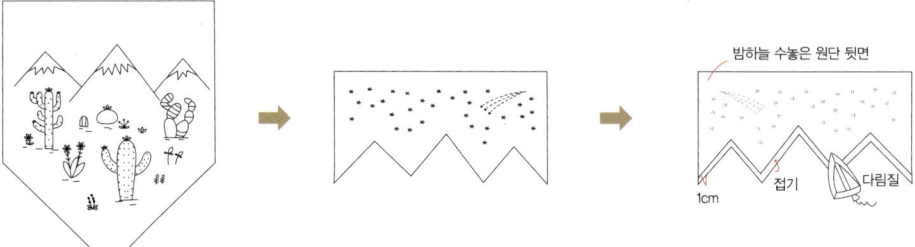

② 선인장 바탕 원단 중 한 원단에 도안을 옮겨 그린 후, 가이드를 따라 자수를 완성합니다.

③ 밤하늘 원단에 가이드를 따라 자수를 완성합니다.

④ 밤하늘 원단을 뒤집어 뒷면이 밖으로 보이게 한 후, 밑면(산 능선부분)을 완성선에 맞춰 다림질합니다.

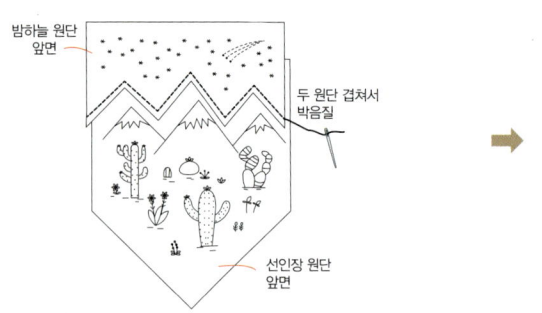

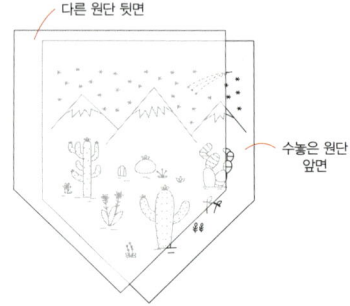

⑤ 과정2에서 완성한 선인장 바탕 원단 위에, 밤하늘 원단을 자수가 보이게 올린 후, 산 능선을 따라 박음질합니다.

⑥ 과정5에서 완성한 원단 위에 선인장 바탕 원단으로 준비했던 또 하나의 원단을 포개어 올립니다.

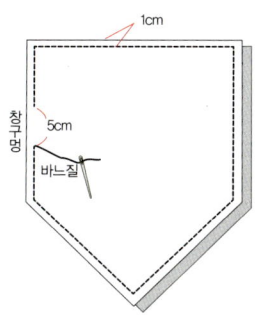

7 원단 끝에서 각 1cm의 시접으로, 위아래 좌우를 박음질합니다. 이때, 5cm 정도의 창구멍을 남기고 박음질합니다.

8 창구멍을 통해 뒤집은 후, 송곳이나 펜을 이용해 모서리까지 꼼꼼하게 모양을 잡아줍니다.

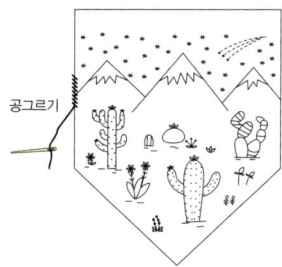

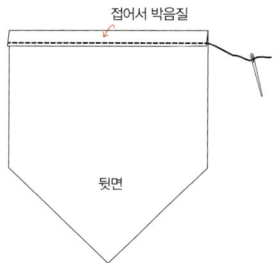

9 창구멍을 공그르기로 막습니다.

10 갈런드를 뒤집어 뒷면이 밖으로 보이게 한 후, 윗면을 접어 트인 부분을 박음질합니다. 이 부분에 나무 막대기가 들어갈 거예요.

11 나무 막대기를 넣고 고정용 실을 묶어 완성합니다.

폴 인 래빗 에코백

난이도	★★★★☆
작품 사이즈	가방 사이즈에 따라 다름
준비물	에코백
실물 크기 도안	F

자수 정보

사용한 스티치	레이지 데이지 스티치, 새틴 스티치, 스트레이트 스티치, 스파이더 웹 로즈 스티치, 스플릿 스티치, 아웃라인 스티치, 체인 스티치, 프렌치 노트 스티치, 플라이 스티치
사용한 실	469, 739, 744, 926, 975, 977, 3023, w, 울 w

자수 가이드

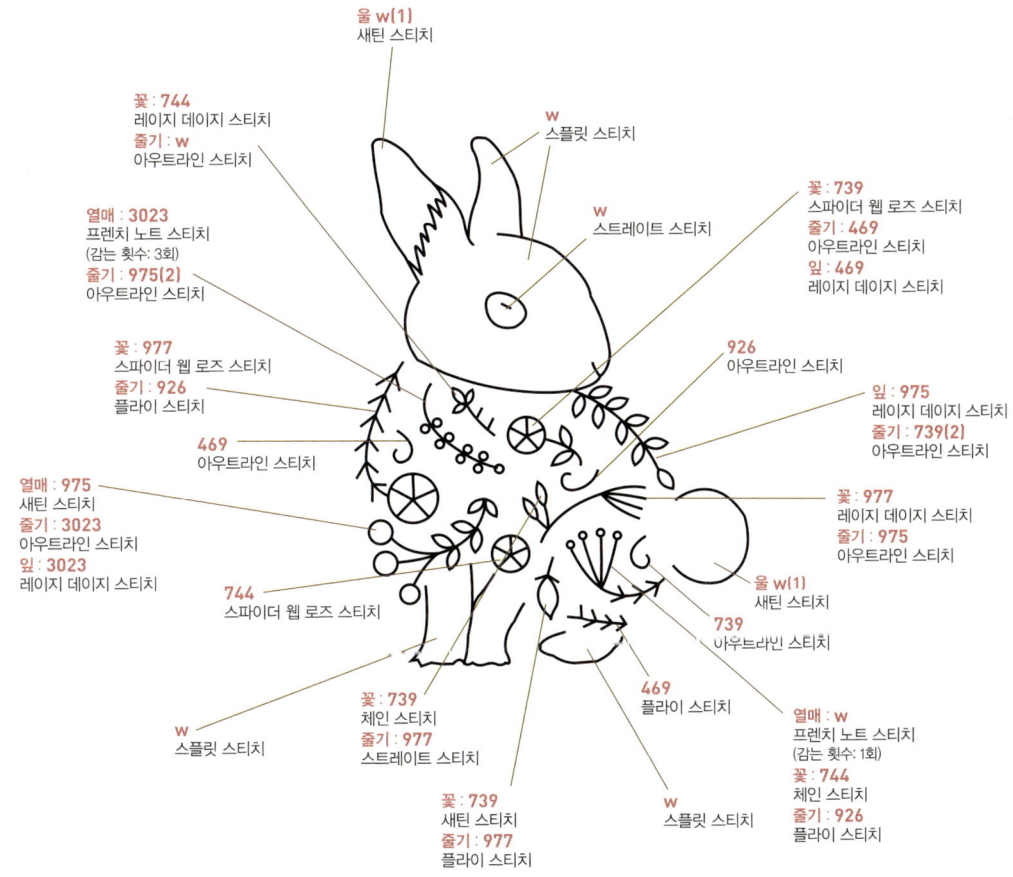

울 w(1)
새틴 스티치

w
스플릿 스티치

w
스트레이트 스티치

꽃 : 744
레이지 데이지 스티치
줄기 : w
아웃라인 스티치

열매 : 3023
프렌치 노트 스티치
(감는 횟수: 3회)
줄기 : 975(2)
아웃라인 스티치

꽃 : 977
스파이더 웹 로즈 스티치
줄기 : 926
플라이 스티치

469
아웃라인 스티치

열매 : 975
새틴 스티치
줄기 : 3023
아웃라인 스티치
잎 : 3023
레이지 데이지 스티치

744
스파이더 웹 로즈 스티치

꽃 : 739
스파이더 웹 로즈 스티치
줄기 : 469
아웃라인 스티치
잎 : 469
레이지 데이지 스티치

926
아웃라인 스티치

잎 : 975
레이지 데이지 스티치
줄기 : 739(2)
아웃라인 스티치

꽃 : 977
레이지 데이지 스티치
줄기 : 975
아웃라인 스티치

울 w(1)
새틴 스티치

739
아웃라인 스티치

열매 : w
프렌치 노트 스티치
(감는 횟수: 1회)
꽃 : 744
체인 스티치
줄기 : 926
플라이 스티치

469
플라이 스티치

w
스플릿 스티치

꽃 : 739
체인 스티치
줄기 : 977
스트레이트 스티치

꽃 : 739
새틴 스티치
줄기 : 977
플라이 스티치

w
스플릿 스티치

× 실 번호(실 가닥수)
스티치 방법
• 표시 외 실 가닥수는 3가닥입니다.

201

플라밍고 액자

난이도	★★★★☆
작품 사이즈	16cm × 22.5cm (자수 크기)
준비물	캔버스 액자 또는 캔버스 원단
실물 크기 도안	G

자수 정보

사용한 스티치 롱 앤드 쇼트 스티치, 버튼홀 스티치, 새틴 스티치, 스트레이트 스티치, 아우트라인 스티치, 프렌치 노트 스티치, 프리 스티치, 플라이 스티치, 플랫 스티치

사용한 실 310, 367, 368, 520, 819, 962, 4110

자수 가이드

520
새틴
스티치

367
버튼홀 스티치

367
새틴 스티치

368
아우트라인 스티치

367
버튼홀 스티치

520
새틴 스티치

368
버튼홀
스티치

520
버튼홀 스티치

367
새틴 스티치

520
새틴
스티치

367
새틴
스티치

367
새틴 스티치

520
아우트라인 스티치

520
버튼홀 스티치

310
프렌치 노트 스티치
(감는 횟수 : 2회)

962
프리 스티치

819
롱 앤드 쇼트 스티치

367
버튼홀 스티치

310
스트레이트 스티치

4110
플랫 스티치

310
새틴 스티치

368
버튼홀 스티치

368
새틴 스티치

368
아우트라인
스티치

962
아우트라인 스티치

367
버튼홀 스티치

520
플라이 스티치

367
새틴 스티치

367
버튼홀
스티치

520
버튼홀 스티치

368
버튼홀
스티치

367
새틴 스티치

367
버튼홀 스티치

368
버튼홀 스티치

368
새틴
스티치

520
아우트라인
스티치

520
새틴 스티치

TIP 가지고 있는 액자나 원단 크기에 맞게 도안 테두리의 나뭇잎 위치를 변경하거나 생략해도 좋아요.
액자가 아닌 다른 곳에 새겨도 포인트 되기 좋은 자수에요.

× 실 번호(실 가닥수)
스티치 방법
• 표시 외 실 가닥수는 3가닥입니다.

203

플라밍고 수놓기

1

캔버스 원단, 혹은 캔버스 액자에 도안을 옮겨 그립니다.

2

플라밍고의 부리를 새틴 스티치로 수놓습니다.

3

백 스티치로 테두리를 수놓은 후

새틴 스티치를 채우면 더 깔끔하게 완성할 수 있습니다.

3

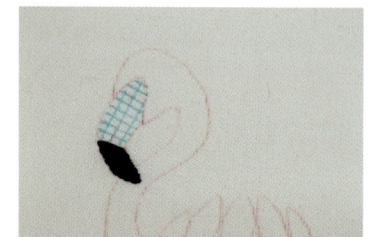

플라밍고의 얼굴에 수성펜으로 롱 앤드 쇼트 스티치의 가이드 선이 될 등분선을 그립니다.

TIP 작품은 가로선 8개를 그려 9등분으로 진행했지만, 원하는 땀 길이에 맞춰 늘리거나 줄여도 좋아요.

4

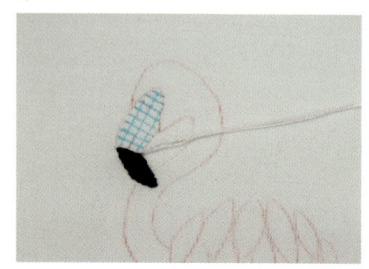

플라밍고의 얼굴을 롱 앤드 쇼트 스티치로 수놓습니다.
참고 롱 앤드 쇼트 스티치(p.98)

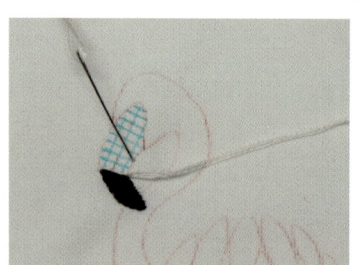

부리 쪽에서 시작하는데

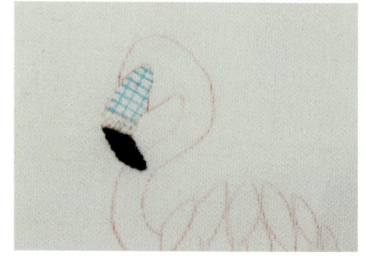

롱 앤드 스티치의 롱 스티치와 쇼트 스티치를 한 땀씩 번갈아가며 플라밍고 얼굴의 첫 줄을 채웁니다.

5

플라밍고 얼굴 가이드 선의 두 번째 줄에 롱 스티치를 놓습니다.

TIP 첫 줄에서 완성한 쇼트 스티치가 끝난 지점을 시작으로 롱 스티치를 쭉 놓습니다. 첫 줄의 롱 스티치가 끝난 지점에는 스티치를 놓지 않고 빈 곳으로 남기고 진행합니다.

6

과정5와 같은 방법으로 얼굴 전체를 롱 스티치로 수놓습니다.

7

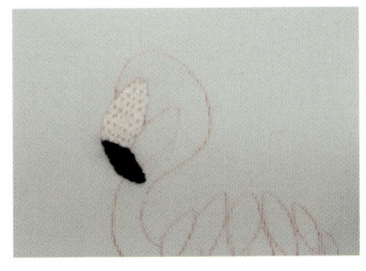

여덟 번째 줄까지 빈 곳을 채우듯 롱 스 티치를 놓고, 마지막 아홉 번째 줄은 빈 곳을 쇼트 스티치로 채워서 완성합니다.

8

플라밍고의 머리를 프리 스티치로 수놓 습니다.

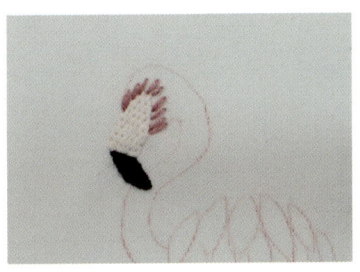

먼저, 얼굴 쪽에서 시작하여 자유로운 땀 길이로 한 줄을 놓은 후

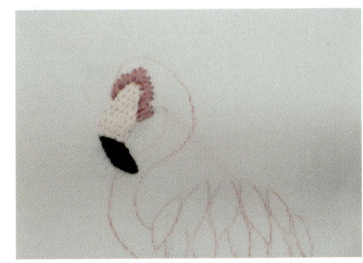

사이사이를 채우듯 스티치를 놓습니다.

9

두 번째 줄에 프리스티치를 놓는데 원 하는 곳으로 실을 빼 올린 뒤

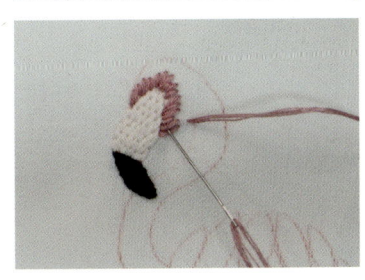

과정8에서 완성한 스티치 땀과 땀 사이 에 바늘을 넣습니다.

10

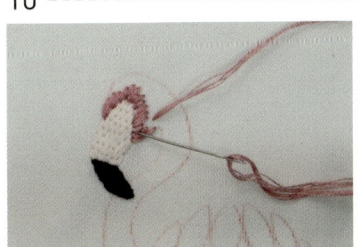

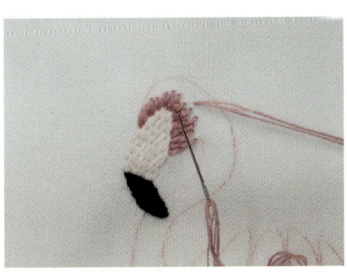

같은 방식으로 스티치 사이로 바늘을 넣어서 프리 스티치를 진행합니다.

11

얼굴과 목 전체를 프리 스티치로 수놓습니다.

12

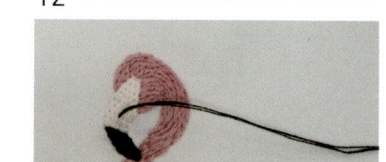

부리와 이어진 부분을 스트레이트 스티치로 수놓습니다.

위에서 아래 방향으로 놓습니다.

13

눈을 프렌치 노트 스티치로 수놓습니다.

14

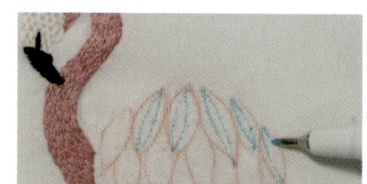

플라밍고의 몸 깃털에 수성펜으로 플랫 스티치의 가이드 선을 그립니다.

15

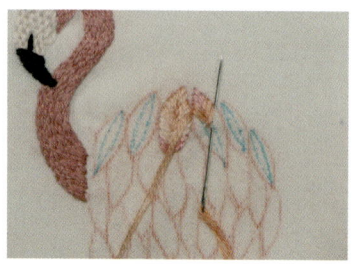 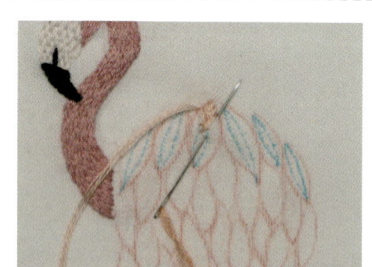 

깃털을 플랫 스티치로 수놓습니다.
참고 플랫 스티치(p.110)

위에서 아래 방향으로 진행하고

중앙의 깃털에서 시작해 중심을 잡습니다.

16

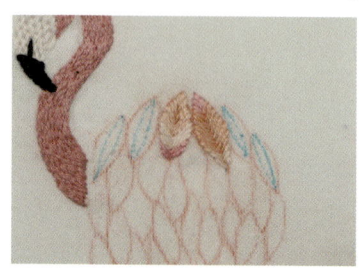

각 깃털마다 플랫 스티치를 하나씩 수놓습니다. 땀 간격을 촘촘히 진행하면 더 완성도 높은 깃털을 완성할 수 있어요.

TIP 작품에서는 입체감을 더하기 위해 그러데이션 실사를 사용했으나, 본연의 플라밍고 깃털 색(단색)을 선택하면 새로운 느낌을 낼 수 있어요.

17

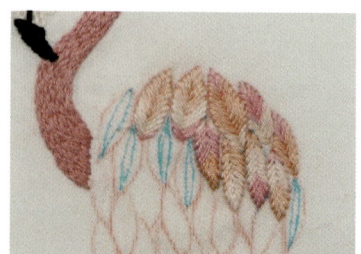

같은 방법으로 깃털 전체를 플랫 스티치로 수놓습니다.

깃털 크기를 다양하게 표현해보세요.

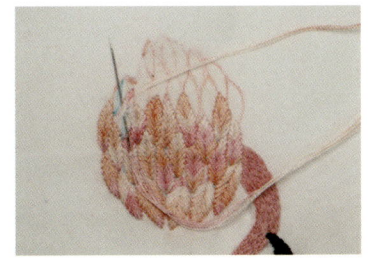

TIP 도안을 뒤집어 스티치 방향을 반대로 진행하면 더 풍부한 느낌을 연출할 수 있어요.

18

플라밍고의 다리를 아우트라인 스티치로 수놓습니다.

19

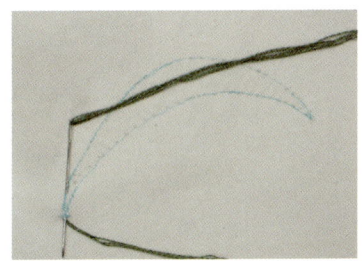

플라밍고 주변의 나뭇잎을 버튼홀 스티치로 수놓습니다. 모서리로 실을 빼올린 후

나뭇잎 윗 가장자리에 바늘을 넣었다가 앞서 실을 뺀 지점으로 다시 뺍니다.

20

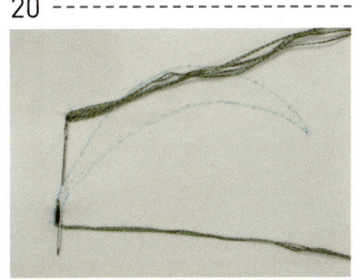

과정19에서 수놓은 직선에 바짝 붙여서, 바늘을 나뭇잎 윗선에서 넣었다가 아래로 빼냅니다.

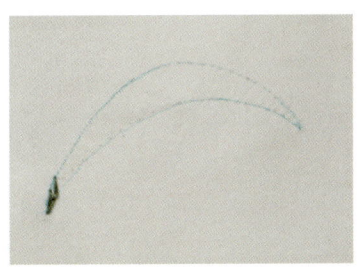

그대로 당겨 버튼홀 스티치를 완성합니다.

21

버튼홀 스티치를 끝까지 완성한 후

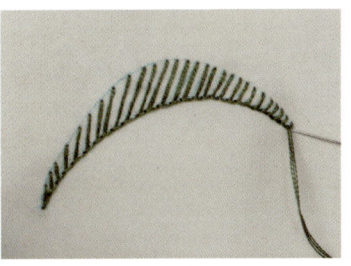

나뭇잎 도안의 모서리에 실을 넣고 매듭시어 완성합니다.

22

도안 안내에 따라 새틴 스티치와 버튼홀 스티치, 아우트라인 스티치로 나뭇잎을 수놓습니다.

⑳ 숲속 동물 쿠션

난이도	★★★☆☆
작품 사이즈	쿠션 크기에 따라 다름
준비물	쿠션
실물 크기 도안	H

자수 정보

사용한 스티치 　롱 앤드 쇼트 스티치, 백 스티치, 새틴 스티치,
스트레이트 스티치, 스플릿 스티치, 아우트라인 스티치,
프렌치 노트 스티치, 플라이 스티치

사용한 실 　402, 580, 728, 840, 948, 975, 3348, w

자수 가이드

728
새틴 스티치

w
스트레이트 스티치

스트레이트 스티치

새틴 스티치

스트레이트 스티치

아우트라인 스티치

아우트라인 스티치

백 스티치

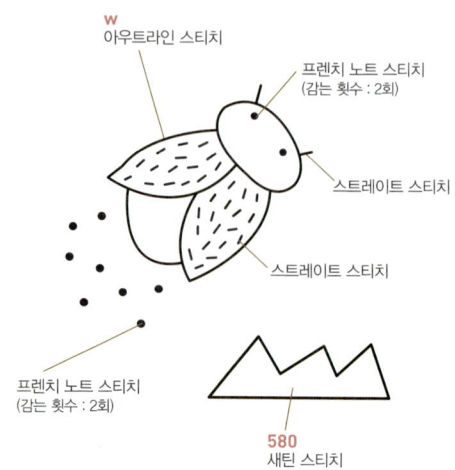

w
아우트라인 스티치

프렌치 노트 스티치
(감는 횟수 : 2회)

스트레이트 스티치

스트레이트 스티치

프렌치 노트 스티치
(감는 횟수 : 2회)

580
새틴 스티치

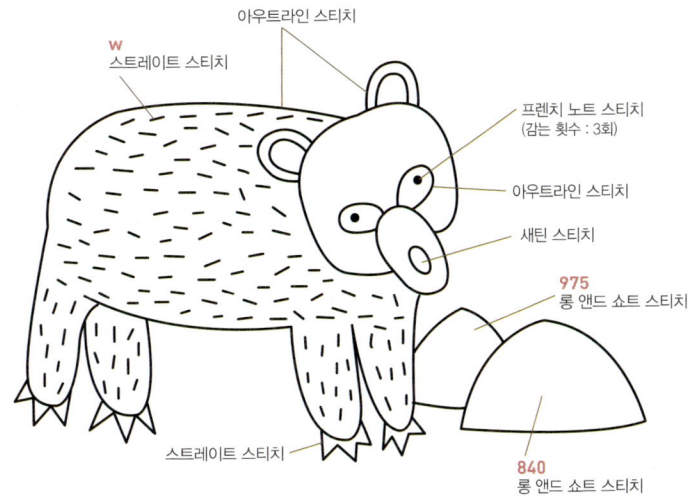

아우트라인 스티치

w
스트레이트 스티치

프렌치 노트 스티치
(감는 횟수 : 3회)

아우트라인 스티치

새틴 스티치

975
롱 앤드 쇼트 스티치

840
롱 앤드 쇼트 스티치

스트레이트 스티치

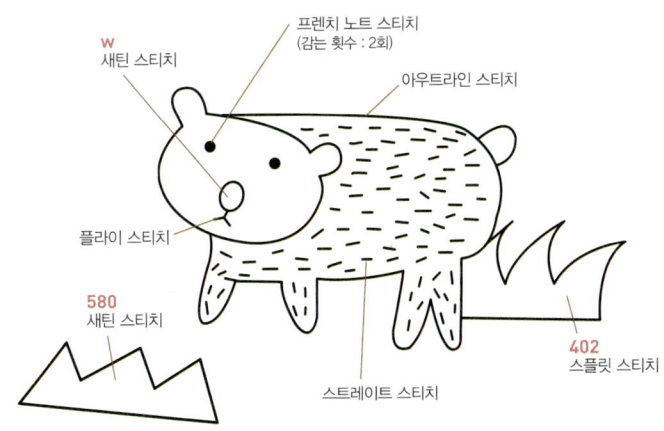

프렌치 노트 스티치
(감는 횟수 : 2회)

w
새틴 스티치

아우트라인 스티치

플라이 스티치

580
새틴 스티치

402
스플릿 스티치

스트레이트 스티치

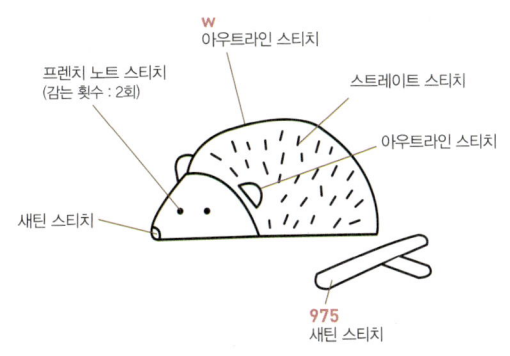

w
아우트라인 스티치

스트레이트 스티치

프렌치 노트 스티치
(감는 횟수 : 2회)

아우트라인 스티치

새틴 스티치

975
새틴 스티치

× **실 번호(실 가닥수)**
스티치 방법
· 표시 외 실 가닥수는 3가닥입니다.
· 표시 외 실 색은 w입니다.

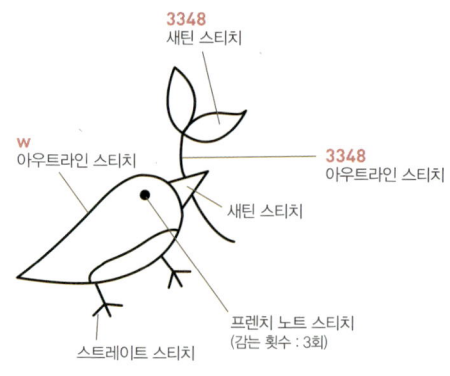

3348
새틴 스티치

w
아우트라인 스티치

3348
아우트라인 스티치

새틴 스티치

프렌치 노트 스티치
(감는 횟수 : 3회)

스트레이트 스티치

스트레이트 스티치

w
아우트라인 스티치

580
아우트라인 스티치

스트레이트 스티치

아우트라인 스티치

402
새틴 스티치

w
아우트라인 스티치

새틴 스티치

스트레이트 스티치

840
새틴 스티치

948
새틴 스티치

스트레이트 스티치

840
새틴 스티치

아우트라인 스티치

948
새틴 스티치

21
맘 앤드 쿡 앞치마

난이도	★ ★ ★ ☆ ☆
작품 사이즈	앞치마 크기에 따라 다름
준비물	앞치마
실물 크기 도안	F

자수 정보

사용한 스티치 레이지 데이지 스티치, 새틴 스티치, 스트레이트 스티치,
스플릿 스티치, 아웃라인 스티치, 프렌치 노트 스티치

사용한 실 310, 734, 743, 905, 972, 3033, 3345, 3866, w

자수 가이드

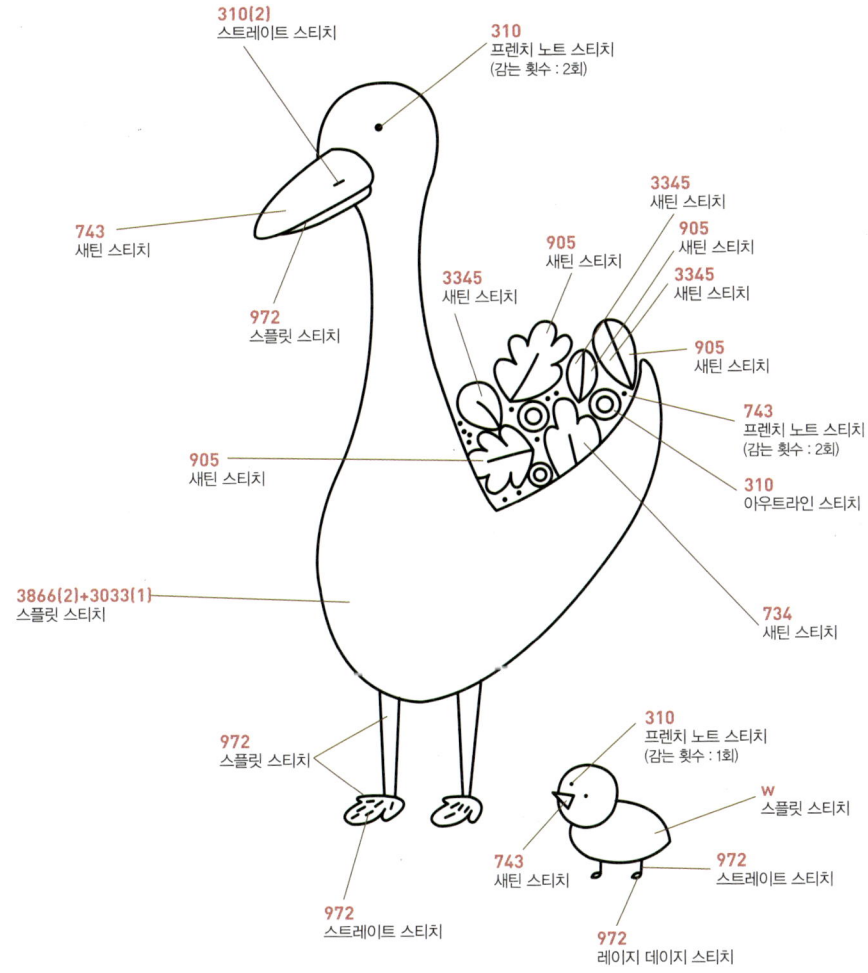

310(2)
스트레이트 스티치

310
프렌치 노트 스티치
(감는 횟수 : 2회)

743
새틴 스티치

972
스플릿 스티치

3345
새틴 스티치

905
새틴 스티치

3345
새틴 스티치

905
새틴 스티치

3345
새틴 스티치

905
새틴 스티치

743
프렌치 노트 스티치
(감는 횟수 : 2회)

310
아웃라인 스티치

905
새틴 스티치

3866(2)+3033(1)
스플릿 스티치

734
새틴 스티치

972
스플릿 스티치

972
스트레이트 스티치

310
프렌치 노트 스티치
(감는 횟수 : 1회)

w
스플릿 스티치

743
새틴 스티치

972
스트레이트 스티치

972
레이지 데이지 스티치

× **실 번호(실 가닥수)**
스티치 방법
• 표시 외 실 가닥수는 3가닥입니다.

213

22

러블리 동물 반다나

난이도	★★★★★
작품 사이즈	반다나 사이즈에 따라 다름
준비물	반다나
실물 크기 도안	H

자수 정보

사용한 스티치 백 스티치, 새틴 스티치, 스트레이트 스티치,
아우트라인 스티치, 프리 스티치, 플라이 스티치

사용한 실 **고양이** 224, 310, 505, 779, 838, 841, 3046, 3341, w
강아지 310, 349, 640, 712, 844, w

자수 가이드

①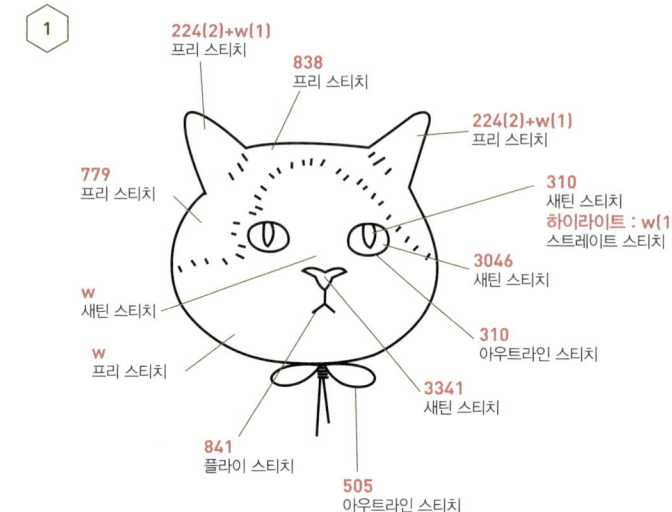

224(2)+w(1)
프리 스티치

838
프리 스티치

224(2)+w(1)
프리 스티치

779
프리 스티치

310
새틴 스티치
하이라이트 : w(1)
스트레이트 스티치

3046
새틴 스티치

w
새틴 스티치

310
아우트라인 스티치

w
프리 스티치

3341
새틴 스티치

841
플라이 스티치

505
아우트라인 스티치

②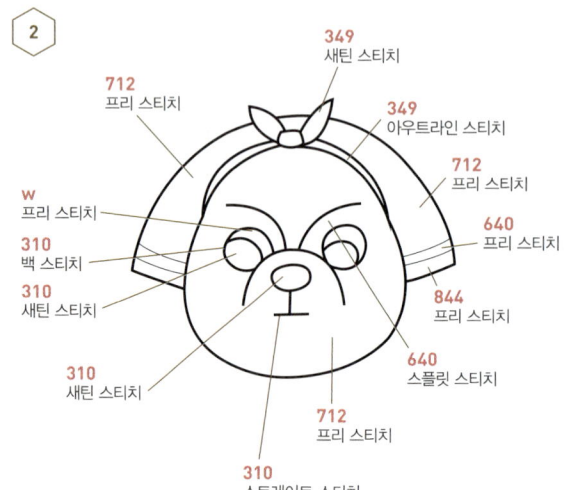

349
새틴 스티치

712
프리 스티치

349
아우트라인 스티치

712
프리 스티치

w
프리 스티치

310
백 스티치

640
프리 스티치

310
새틴 스티치

844
프리 스티치

310
새틴 스티치

640
스플릿 스티치

712
프리 스티치

310
스트레이트 스티치

× 실 번호(실 가닥수)
스티치 방법
• 표시 외 실 가닥수는 3가닥입니다.

TIP 1 동물이 가지고 있는 털의 색이 너무 많다면 3~4개 정도로 추려서 실 컬러를 정해주세요.
2 코를 중심으로 결의 방향을 크게 잡아놓고 시작하면 수를 놓기 수월해요.
3 반려동물이 좋아하는 장난감이나 음식, 액세서리 등을 추가로 새기면 이야기가 더 풍성해져요. 이름이나 연락처를 새겨주는 것도 좋겠죠.

* p.58 강아지 모델이 착용한 반다나는 모델을 위해 특별 제작한 것으로,
책으로 이해하고 배우기에 난이도가 다소 높아 자수 가이드를 수록하지 않습니다.
해당 작품의 도안만 특별 수록하였으며, 도안은 부록 H면에 있습니다.

1 서커스 브로치

» 117p

모든 도안은 저자의 작품이며, 실제 크기로 수록했습니다.

3 고슴도치 핀쿠션

» 128p

2 생일 축하해요 브로치

» 123p

9 곰돌이 이어폰 정리 홀더

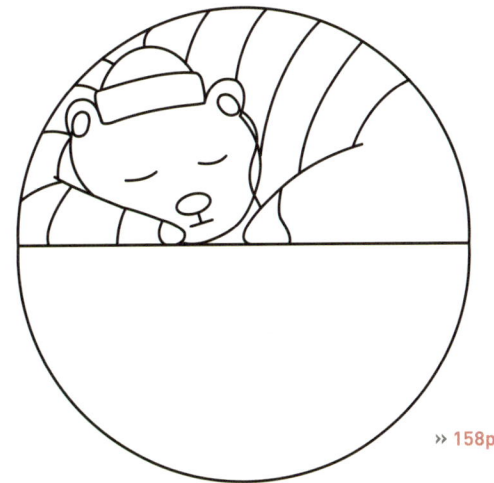

» 158p

A

④ 선인장 핀쿠션

» 133p

⑪ 과일 시리즈 메모 자석

» 167p

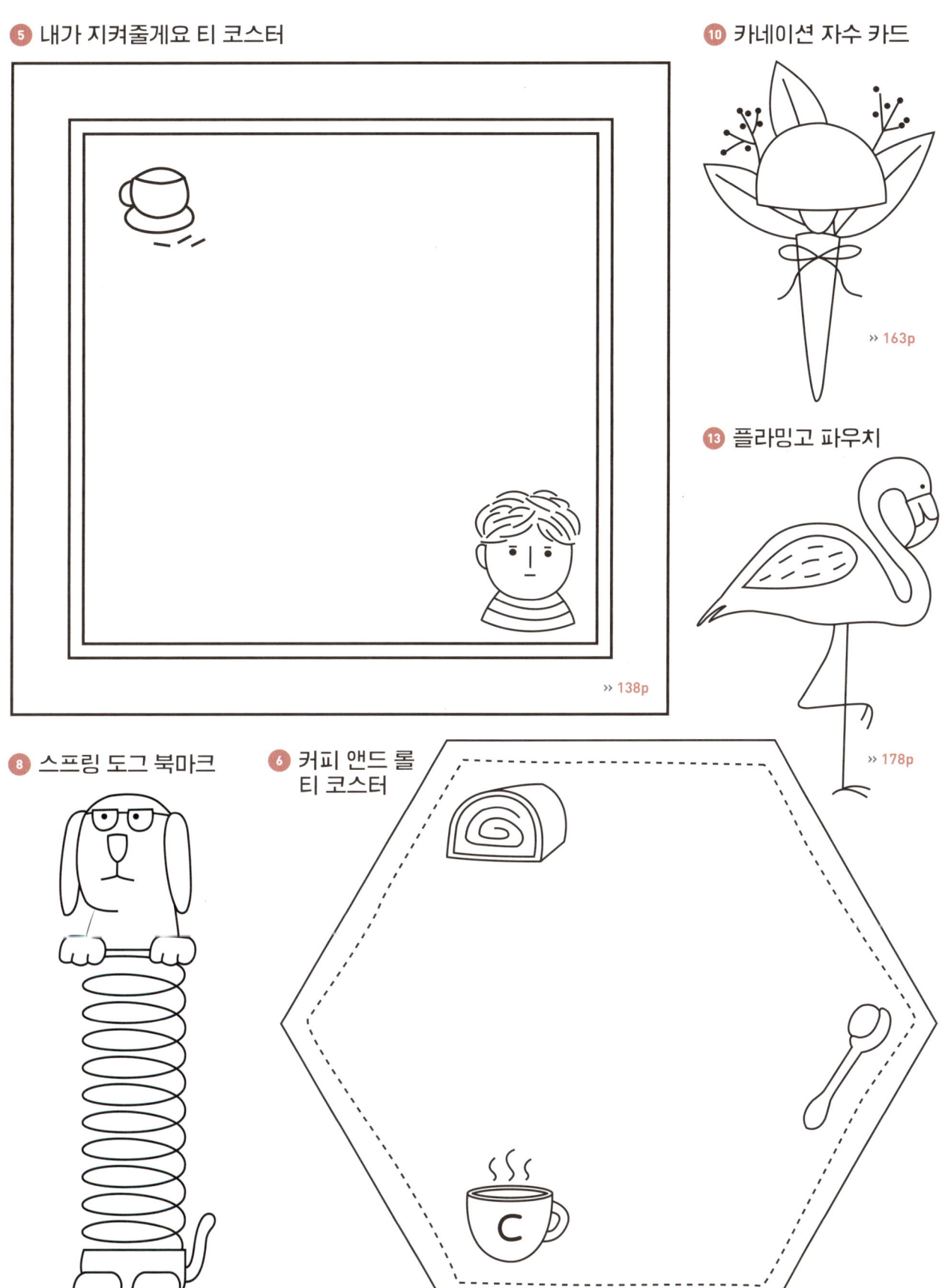

5 내가 지켜줄게요 티 코스터

» 138p

10 카네이션 자수 카드

» 163p

13 플라밍고 파우치

» 178p

8 스프링 도그 북마크

» 154p

6 커피 앤드 롤 티 코스터

» 145p

C

7 곰이 마시멜로를 만났을 때 컵 홀더

» 150p

12 미니 양말 향주머니

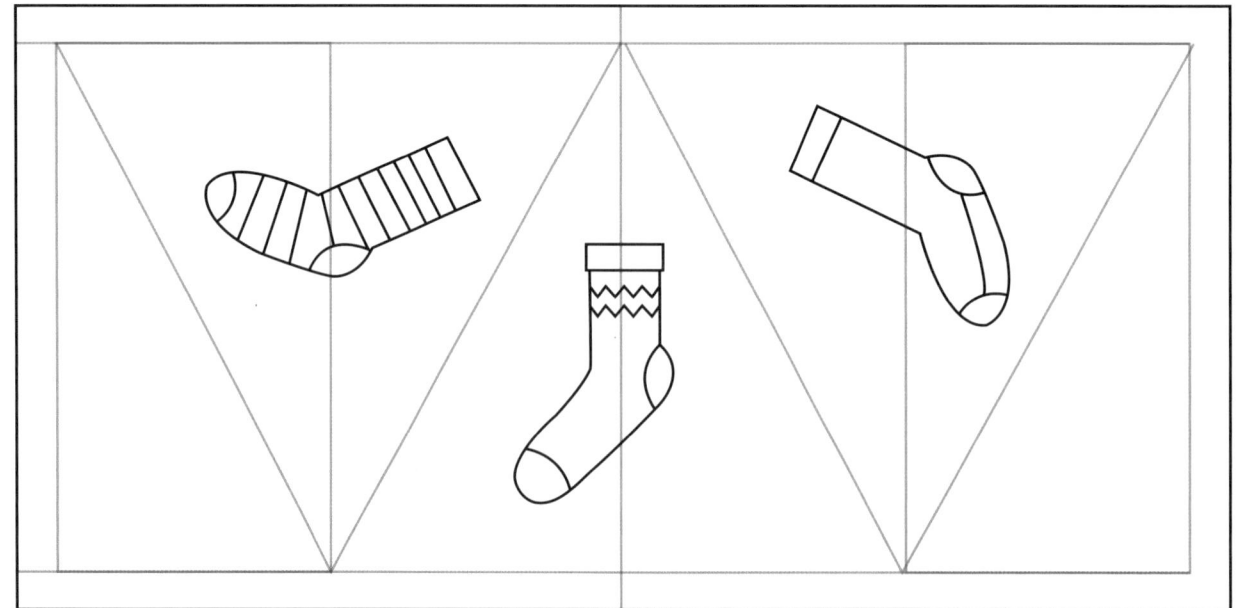

» 174p

16 과일 3총사 키친 클로스

» 190p

⑭ 인조이 캠핑 파우치

» 183p

⑮ 티 포트 앤드 스푼 테이블 매트

» 186p

17 밤하늘 선인장 갈런드

» 195p

18 폴 인 래빗 에코백

» 201p

21 맘 앤드 쿡 앞치마

» 213p

F

19 플라밍고 액자

↘ 203p

G

20 숲속 동물 쿠션

>> 208p

22 러블리 동물 반다나

*특별 도안

>> 214p